AF477778

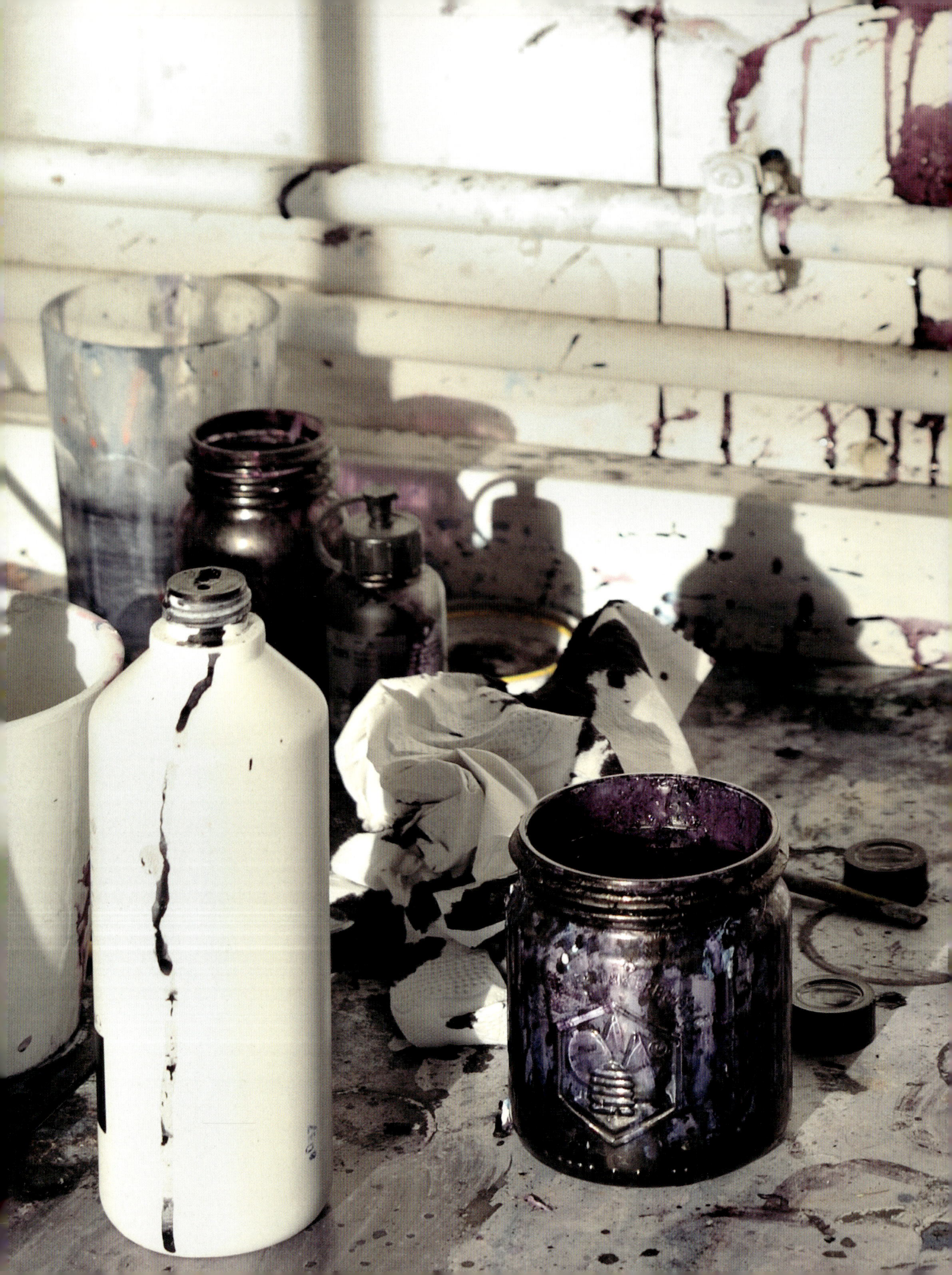

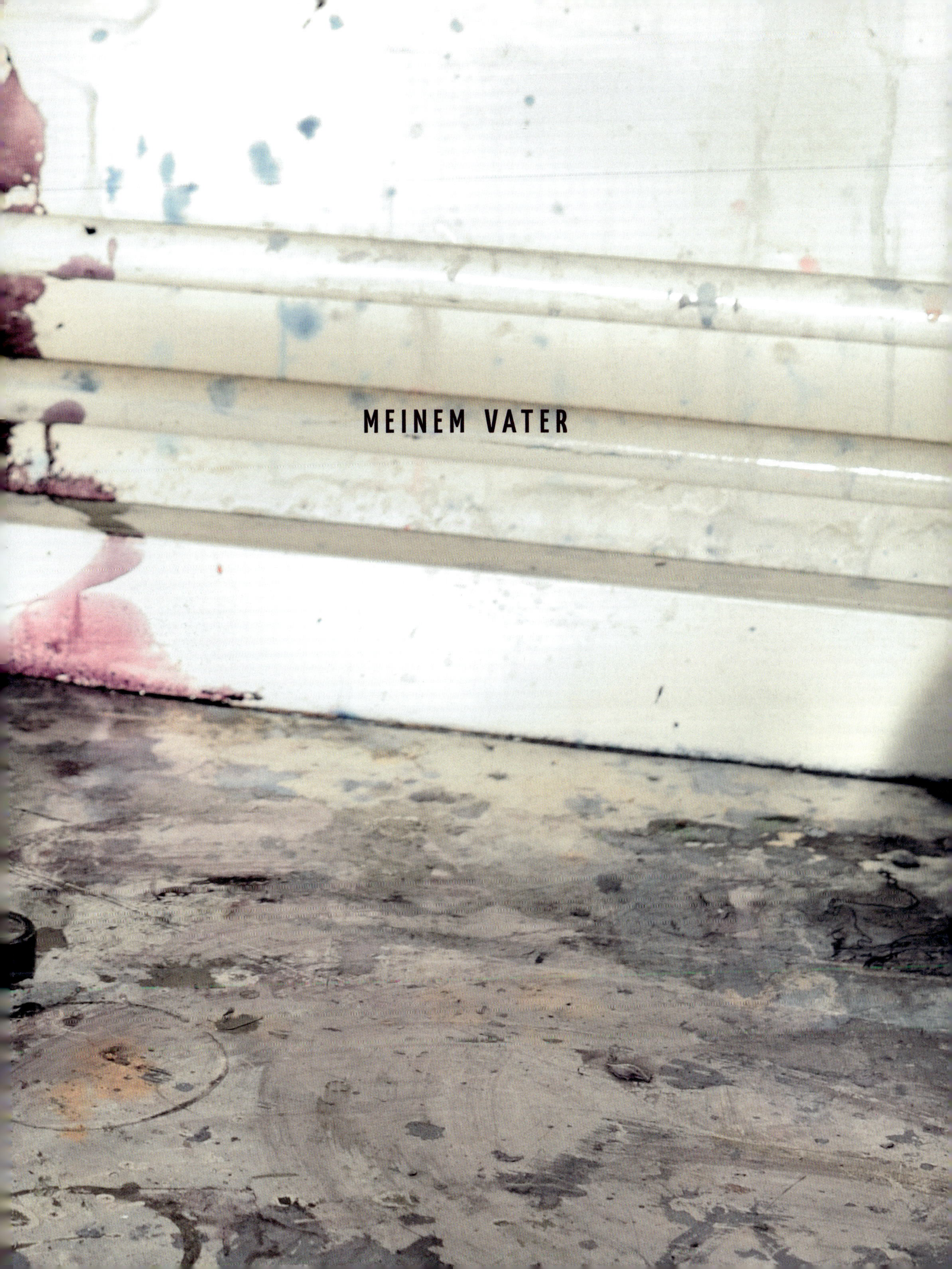
MEINEM VATER

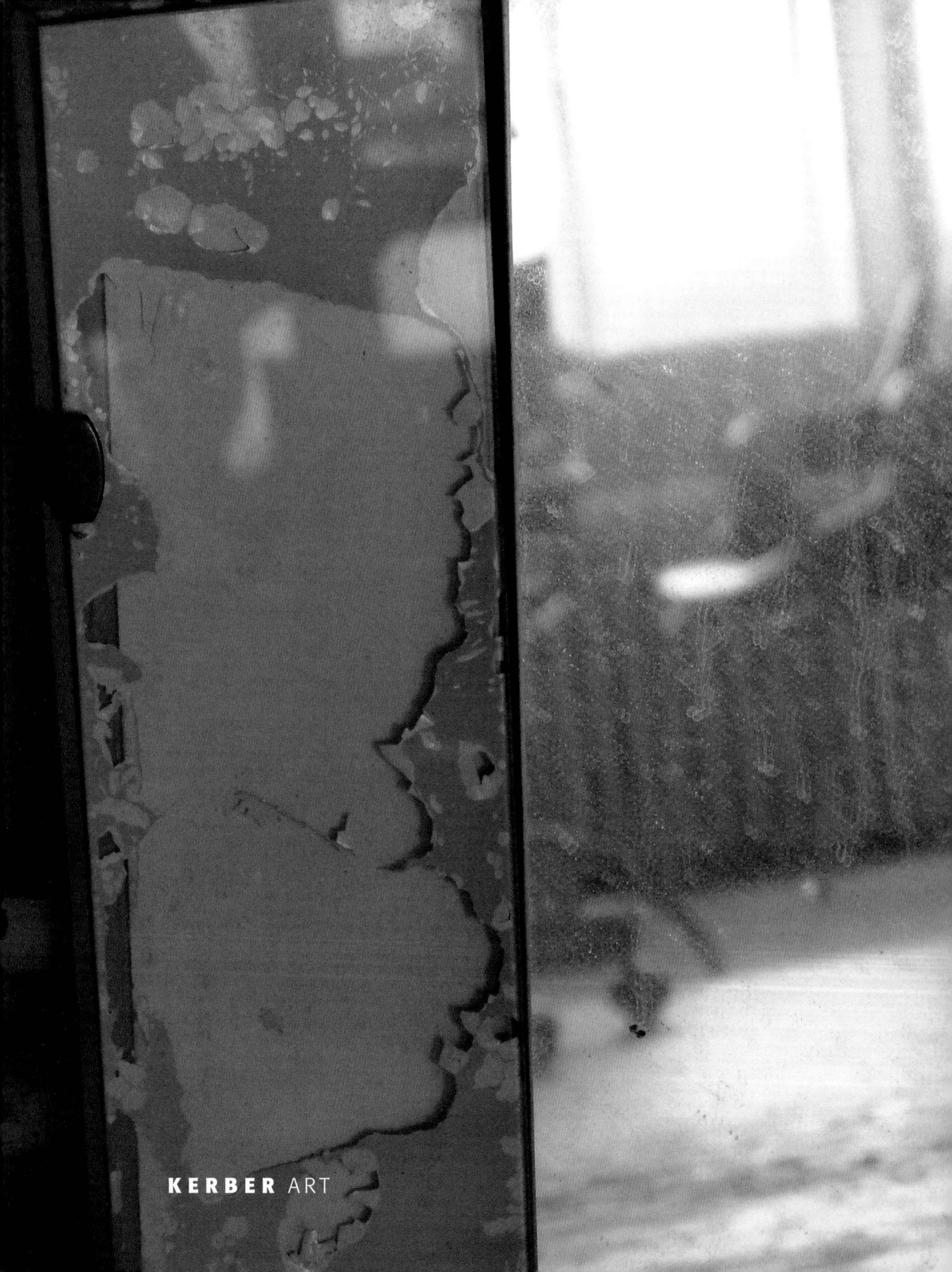
KERBER ART

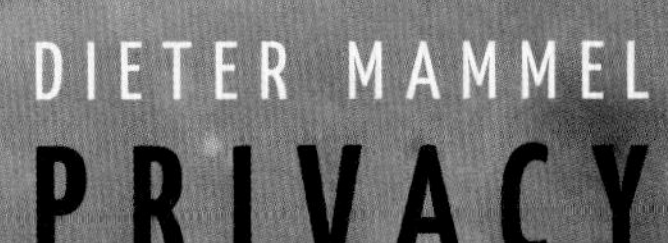

DIETER MAMMEL

PRIVACY

KUNSTVEREIN MÜNSTERLAND
KUNSTHAUS POTSDAM e.V.
GALERIE HÜBNER & HÜBNER
THANASSIS FRISSIRAS GALLERY

ICH FÜHLE, ALSO BIN ICH.

António Rosa Damásio

Was fasziniert so an den Bilderwelten des Dieter Mammel? Ist es der Entstehungsprozess seiner Bilder, die, zumeist auf dem Boden liegend, mit enormen Geschick, präzise, in fast ekstatischer Konzentration in Augenblicken vitaler Energie entstehen? Mammel rotiert um die Leinwand. Nass-in-Nass fließen Tusche, Tinte und Pigment auf dem Malgrund. Hier verbirgt der Künstler nichts. Entscheidend ist: Der Entstehungsprozess thematisiert sich selbst im ausgeprägten Bewegungsmoment der Arbeiten. Deren subtile Eigendynamik zieht den Betrachter unweigerlich in eine sinnbildliche Welt der emotionalen und existenziellen Empfindungen des Menschen hinein und treibt ihn, wie zuvor den Künstler, im realen Raum vor den Bildern umher, um der soghaften Anziehungskraft der Arbeiten auf die Spur zu kommen.

In „Blueberry Night" verschmelzen Fläche und Raum zur Erfahrungstotalität. Denn im Strom des „Blueberry" lösen sich menschliche Konturen auf, erscheinen verzerrt, gleich der Reflexion eines Vexierspiegels. Die Stärke der dargestellten Emotionen lässt die Wirklichkeit zerfließen. Aus nächster Nähe mit dem Geschehen konfrontiert, bleibt der Gesamtüberblick verwehrt. Realität verliert sich durch intensive Nahsicht und weicht Träumen und Assoziationen, denn im Übergang zwischen scheinbar Realem und der Imagination spielen Zeit und Raum keine Rolle. Schärfe und Unschärfe, Weichzeichnungen, Licht und Gegenlicht sowie die Negativverkehrung des Verhältnisses von Hell und Dunkel bewirken unterschiedliche Fokussierungen des Blickes. Gleich Filmstills, ausschnitthaft, in großformatiger Konzentration, erscheinen Momente der Innerlichkeit. Nur aus der Distanz und in der Bewegung erschließt sich das Motiv in seiner ganzen Komplexität und offenbart scheinbar Reales. Nicht fassbar, entzieht es sich gleich wieder im Zerfließen der Farbschlieren.

Die monochromen Bilder des „Blueberry Cycle" bergen grenzenloses Potenzial. Aus dem Weiß der ungrundierten Leinwand erscheinen im Licht und Schatten Menschen, deren individuelle „Privacy" eines zumeist flüchtigen Augenblicks im Bild kristallisiert. Scheinbar aus dem Nichts verwandelt „Blueberry", die Mischung aus der Farbe Magenta des „Magenta Lovers" Zyklus und dem Blau der „Feeling Blue" Serie, in Korrespondenz mit der Leinwand Körper und Gesichter in ihrer realen Materialität in einem hoch komplexen, sensiblen Prozess zum Spiegelbild des gefühlsbestimmten Seins. Gefühle, als Grundbefindlichkeit des Erlebens, treiben Dieter Mammel an, die eigene Geschichte oder die Geschichte Anderer durch Malerei fortzuschreiben oder Nachbilder zu fixieren. Dabei sind die Grenzen zur Realität fließend. Die Spuren des Lebens werden in den Bildern der Innerlichkeit nach Außen reflektiert und kehren als Erfahrung und Verdichtung der Gegenwart in die Bildlichkeit wieder zurück. Beispielhaft dafür stehen zwei Bilder, die in der Bildabfolge des Kataloges an erster und letzter Stelle bewusst eine inhaltliche Zäsur setzen: „Heimlich", 2007 und „Letzter Gang", 2008. Während der Arbeiten am „Blueberry Cycle" und der Vorbereitungen der Ausstellung PRIVACY erkrankte Dieter Mammels Vater schwer. Er verstarb kurz vor Weihnachten 2008. Im Bild „Heimlich" schiebt ein Junge, der die biografischen Züge Dieter Mammels trägt, einen Vorhang zur Seite und blickt einem Mann nach. Stille Distanz trennt beide voneinander. Der Junge gewährt einen kleinen Einblick in seine Privatsphäre und öffnet damit sinnbildlich den Bildteil „Blueberry Cycle" des Katalogs. Sein heimlicher Blick bleibt unbemerkt.

Das Werk „Letzter Gang", entstand Anfang Dezember 2008, unmittelbar vor dem Tod Dieter Mammels Vaters. Der befürchtete Abschied ist nun eingetreten. Unsicher steht der Vater im Bild, im Straucheln begriffen. Die Konturen lösen sich auf, werden aufgesogen von den dunklen Balken am Rand, die eine undurchdringliche Mauer darstellen. Der Vater verlässt in einem Schwebezustand das Bild (den Rahmen) nach oben in die geistige Welt. Die Realität verlöscht. Der Lebenskreislauf ist abgeschlossen. Damit schließt auch der Bildteil des Kataloges.

Dieter Mammel widmet diesen Katalog seinem Vater.

Das künstlerische Schaffen Dieter Mammels zeichnet sich durch enorme Vielfalt und Fertigkeit aus. Seine Sensibilität und sein Gespür für „Spuren dessen", wie John Berger in seinem Essay „Über Sichtbarkeit" 1977 schreibt, „was sichtbar gewesen ist oder werden wird"[1], macht jedoch die unmittelbare auratische Kraft und Intensität seines Œuvres aus. Dabei geht es immer um uns selbst, um individuelle Lebenswahrheit. Dieser Faszination und Herausforderung ist schwer zu entgehen.

Unser großer Dank gilt Dieter Mammel für sein Vertrauen, das er uns von Anfang an entgegenbrachte, für den intensiven gedanklichen Austausch, die privaten Einblicke und die unvergleichlich „mammeligen" Momente. Die Vorbereitung und die Konzeption des Kataloges begleitete er mit großem Engagement und ebenso großer Sorgfalt.

Dank ist allen zu sagen, die mithalfen, die Ausstellung PRIVACY im Kunstverein Münsterland in Coesfeld sowie im Kunsthaus Potsdam und den sie begleitenden Katalog zu realisieren.

Danken möchten wir auch besonders den Sammlern Dr. Stefanie und Wolfgang Bohn, Andrea Dibelius, Eckhard Franz, Manfred Großmann und Mechthild Krohn-Großmann, Dieter Gutschick, Martina Kofler und Dr. Dr. Thomas Rusche für ihre Gastfreundschaft, ihre Geduld bei der Erstellung der Portraitfotos und für die interessanten Interviews sowie für die finanzielle Unterstützung des ganzen Projektes.

Unser Dank gilt auch der Galerie Hübner & Hübner, Frankfurt a. M., Sylvia und Fritz von Metzler, Anke und Peter Wagner, Lille und Günter Sander, Jan von Domarus, Görn Besendahl, Tini Janssen und Thorsten Schima, Dorte Uhlenbruch und Jochen Kleeberg sowie Ingeborg Mammel für die finanzielle Förderung und Leihgabe ihrer Bilder in

„BLUEBERRY".

Jutta Meyer zu Riemsloh

1 John Berger, Das Sichtbare & Das Verborgene, Frankfurt am Main 1999 | S. 236.

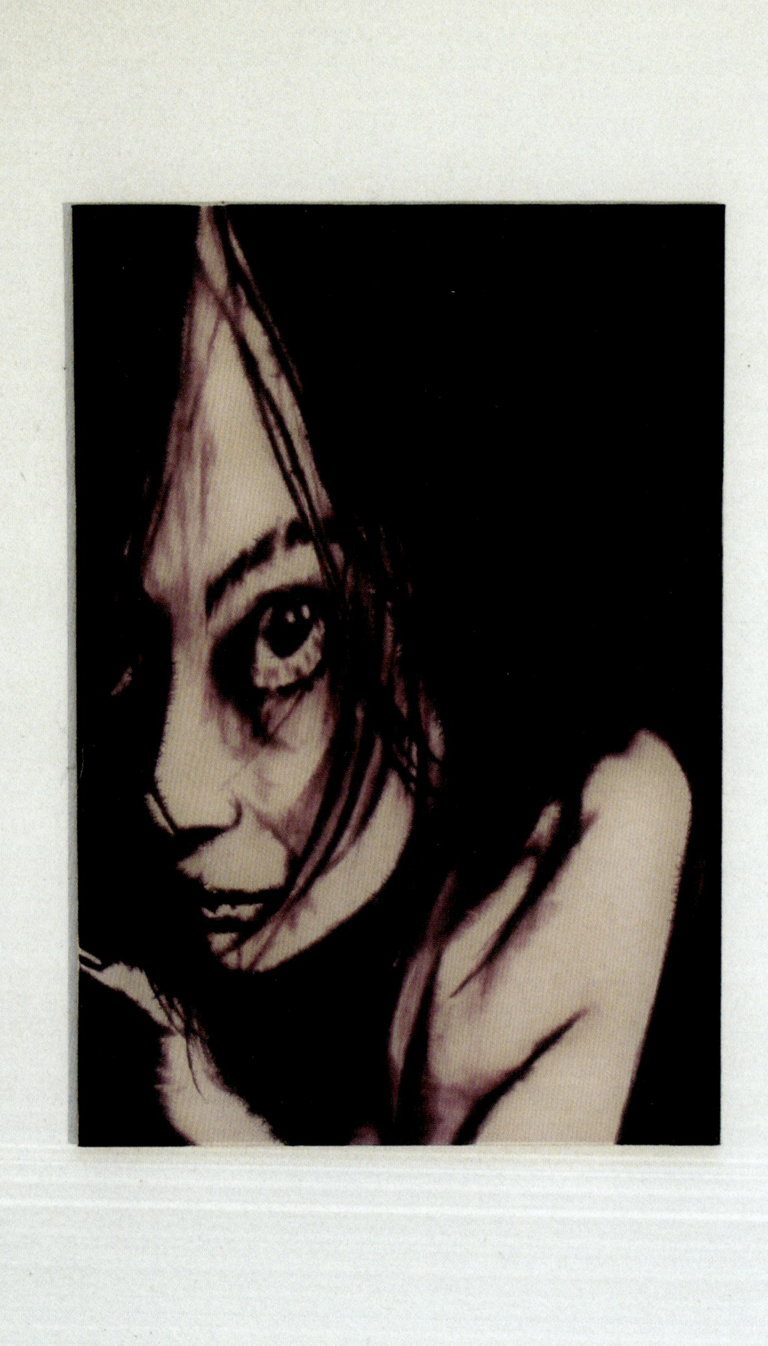

I FEEL, THEREFORE I AM.

António Rosa Damásio

What is it that is so fascinating about the pictorial world of Dieter Mammel? Is it the process the pictures undergo—normally flat on the floor—as they come into being under the precise and dexterous hand of the artist in moments of vital energy and almost ecstatic concentration? Dieter Mammel circulates around the canvas. Wet-on-wet, the wash, ink, and pigment flow on the surface. Here the artist is not hiding anything. The prominence of movement in the works causes the process itself to become a central theme. A subtle momentum magnetically draws the viewer into an allegorical world of emotional and existential sensations. Just as this force drove the artist, it now drives the viewer to shift about in the real space in front of the paintings, trying to get a grip on the strong pull they exert.

In Blueberry Night, surface and three-dimensional space blend to form an experiential totality. Caught up in Blueberry's current, human contours dissolve, appearing warped as though reflected in a distortion mirror. Reality dissipates under the power of the emotions that are depicted. Confronting the viewer close-up, the picture defies any attempt to get an overview. Substantiality is lost in the intensity of close visual proximity, giving way to dreams and associations: the passage into the world of the imagination is beyond time and space. Sharpness, blurriness, front lighting and backlighting, soft focus, and the positive-negative reversal of dark and light compel the eye to constantly re-focus. Moments of inwardness appear like stills from a film—cuts—concentrated in large-scale format. Only from the distance and through movement can the subject be apprehended in all its complexity, as it reveals the seemingly real. Elusive—it soon slips away out of grasp into the flowing wafts of color.

The monochromatic pictures of the Blueberry Cycle bear infinite potential. Out of the white of the unprimed canvas, in the light or in the shadows, people appear: people whose individual privacy—usually a mere instant in time—crystallizes in the picture. Seemingly out of nowhere, but in a highly complex and sensitive process, Blueberry—combining the magenta hue of the Magenta Lovers series and the blue of the Feeling Blue series—transforms these tangibly material bodies and faces into mirror images of an emotionally determined existence. Feelings, as the basis for experiencing life, are the propelling force that drive Dieter Mammel to transcribe his own story or that of others into painting, preserving these stories in after-images. The boundaries of reality are fluid in this process. The traces of life reflect outwards from these pictures of inwardness, moving back into the pictorial as experience and compacted present. A case in point are the two pictures placed first and last, respectively, in the catalogue: Furtively, 2007, and The Final Step, 2008. Functioning as caesuras, they make a conscious statement—during the work on Blueberry Cycle and the preparations for the exhibit, Privacy, Dieter Mammel's father fell seriously ill and passed away shortly before Christmas 2008.
In Furtively, a young boy with Dieter Mammel's features is pulling aside a curtain and following a man with his gaze. Silent distance separates the two from each other. The boy is allowing a glimpse into his private sphere and, thus, symbolically opens the catalogue. His furtive watching goes unnoticed. The painting, The Final Step, was done in early December, 2008, just before his father's death. The feared parting has now taken place. The father stands in the picture unsure, on the verge of falling. The contours are fading, are absorbed by the dark strips of color, impenetrable walls, framing the picture. Poised precariously on the brink, the father leaves the picture, passing upwards into the spiritual world. Reality is extinguished. The cycle of life has come full circle. And so, the catalogue's picture series also comes to a close.

Dieter Mammel has dedicated this catalogue to his father.

Mammel's artistic oeuvre is characterized by incredible variety and skill. His innate sensibility and his intuitive grasp of „traces of that which was or will be visible", as John Berger writes in "The Sense of Sight" (1977), determine the intensity of his work and its extraordinary aura. At the same time, it is always about us, about truths in the lives of individuals. Its fascination and its challenge are inescapable.

We would like to thank Dieter Mammel for the intense exchange of ideas, the private insights and the incomparable "mammelish" moments, and also for the trust he had in us right from the start. His care and dedication played an important part in the conception of the catalogue and its preparation. Thanks must also be given to all those who helped realize the exhibit, Privacy, in the Kunstverein Münsterland in Coesfeld as well as in the Kunsthaus Potsdam, and the accompanying catalogue.

We would like to give our special thanks to the collectors, Dr. Stefanie and Wolfgang Bohn, Andrea Dibelius, Eckhard Franz, Manfred Großmann and Mechthild Krohn-Großmann, Dieter Gutschick, Martina Kofler and Dr. Dr. Thomas Rusche for their hospitality, their patience in the photo-portrait sessions, the interesting interview discussions, as well as for their financial support of the project.

Thanks also to Galerie Hübner & Hübner, Frankfurt a. M., Sylvia and Fritz von Metzler, Anke and Peter Wagner, Lille and Günter Sander, Jan von Domarus, Gjörn Besendahl, Tini Janssen and Thorsten Schima, Dorte Uhlenbruch and Jochen Kleeberg as well as Ingeborg Mammel for their financial support and the loan of their paintings for

"BLUEBERRY".

Jutta Meyer zu Riemsloh

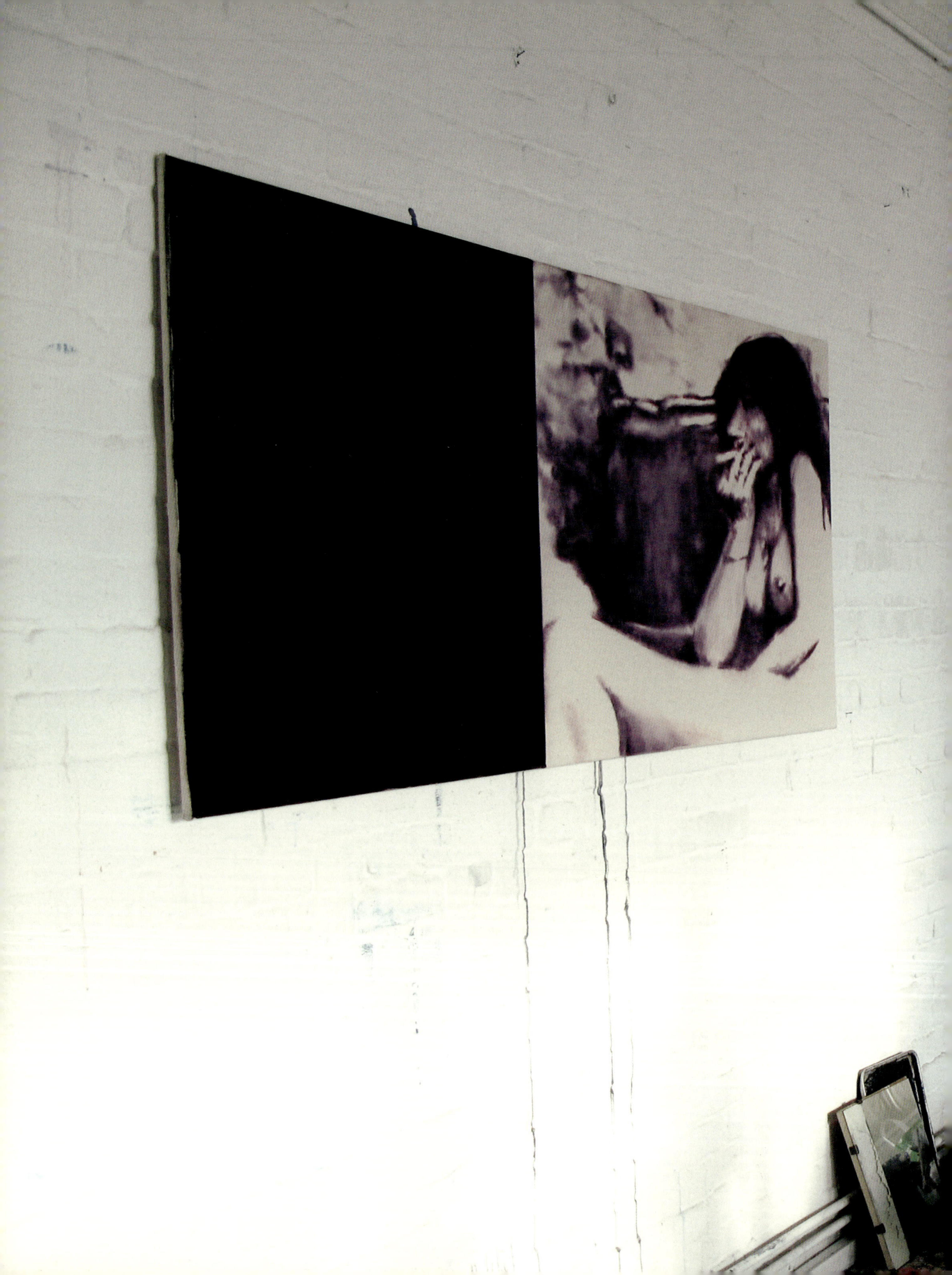

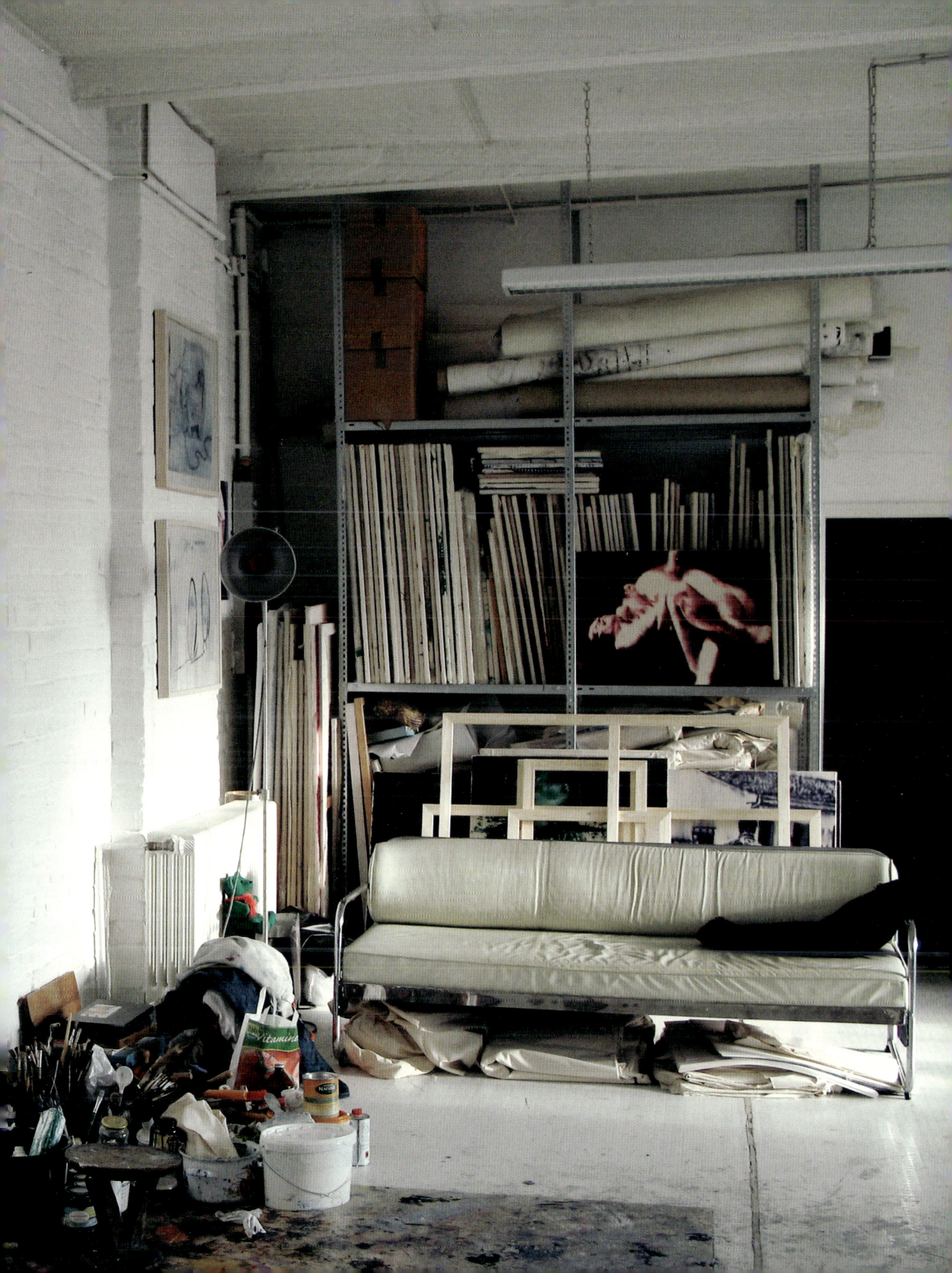

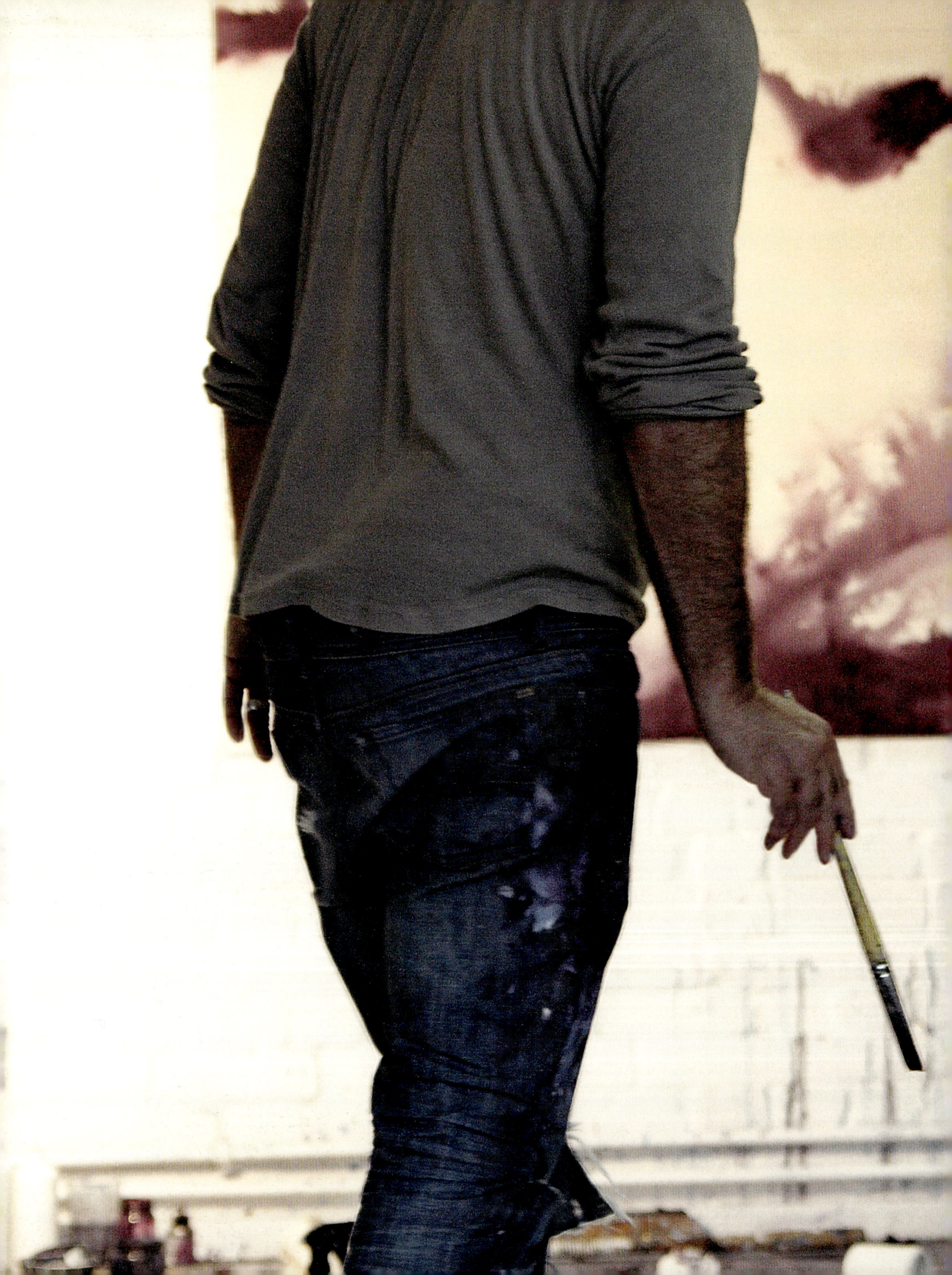

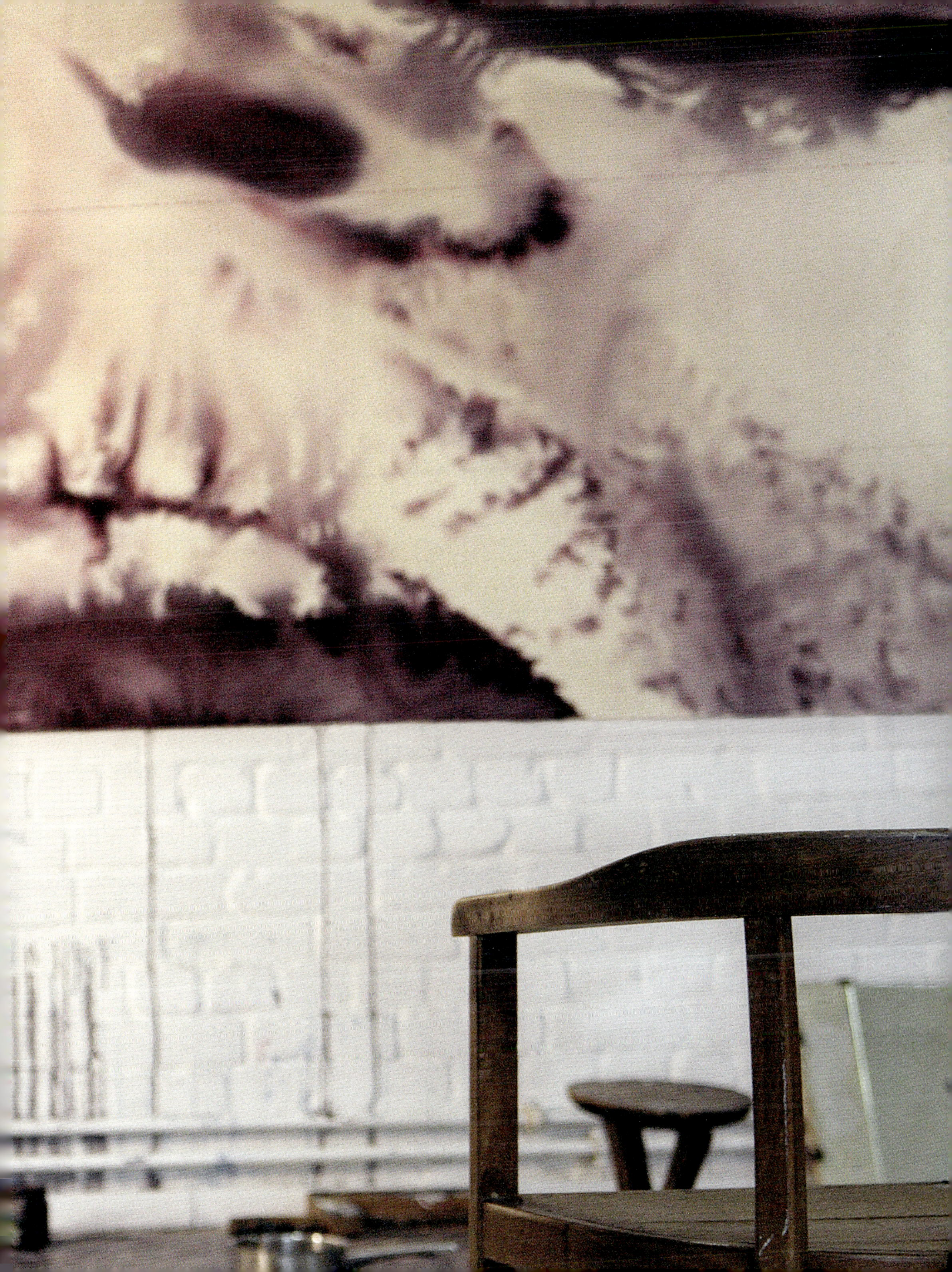

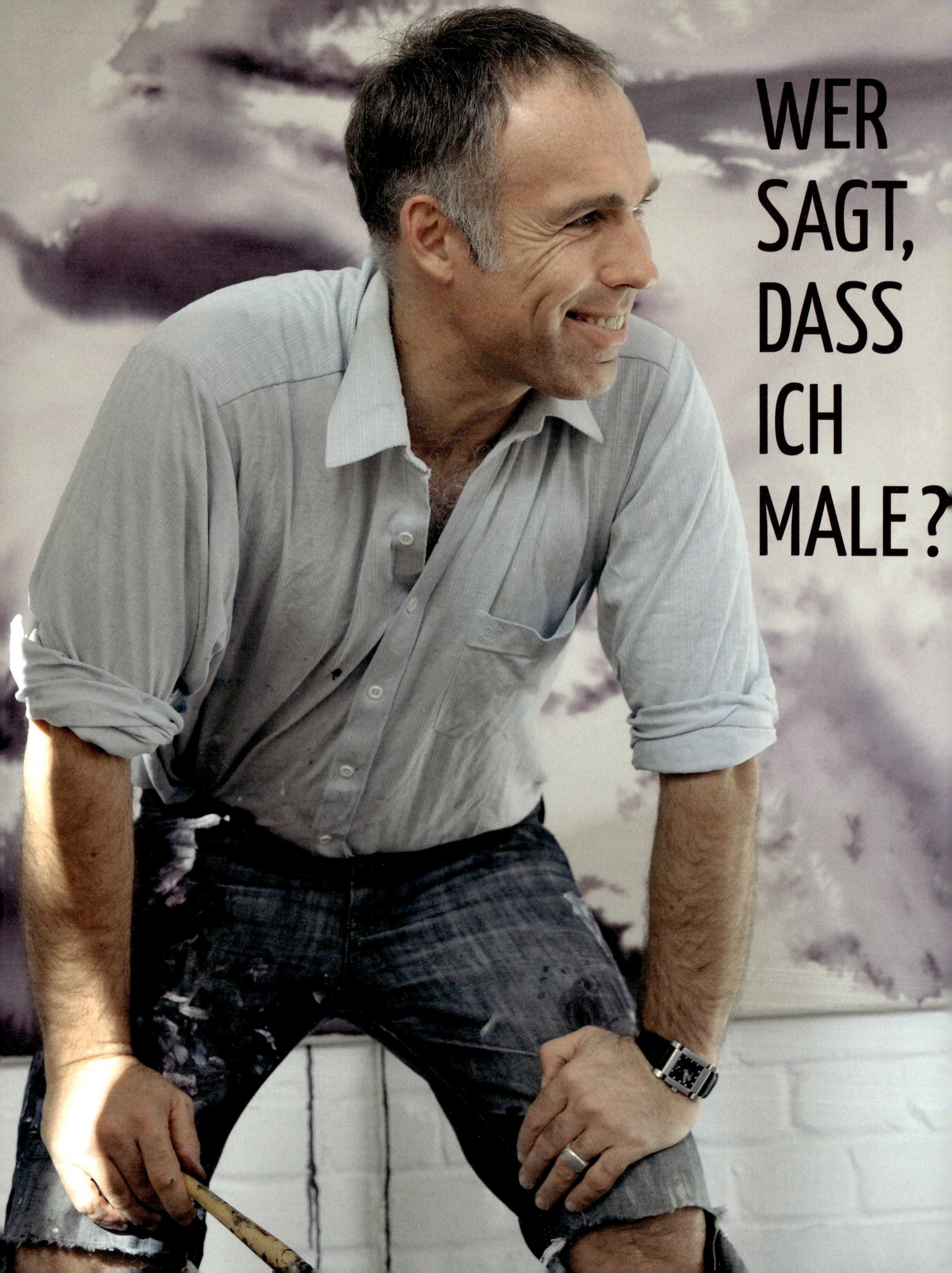
WER
SAGT,
DASS
ICH
MALE?

RAUCHZEICHEN BEIM ESSEN

DEZEMBER 2008. IM ATELIER VON DIETER MAMMEL. UM UNS STEHEN UND HÄNGEN NEUE BILDER AUS DEM BLUEBERRY CYCLE. AUS DER KÜCHE DUFTET ES NACH CURRY.

WORÜBER LACHEN SIE ?

Ich habe gerade im Radio einen schönen Spruch gehört. Ein Politiker kommentierte die aktuelle Finanzkrise: Wir dachten, da wäre ein Licht am Ende des Tunnels, und jetzt ist es ein entgegenkommender Zug.

MACHT IHNEN LICHT MEHR HOFFNUNG?

Oh ja, Licht. Viel Licht, damit die Schatten schön fallen.

DIE SIE DANN AUF DIE LEINWAND BRINGEN?

Die Leinwand ist für mich Licht. Die Farbe der Schatten. Mark Gisbourne sagte einmal über meine Arbeit: Das ist keine Malerei, das sind Rauchzeichen.

WEIL DIE TUSCHE AUF DER UNGRUNDIERTEN LEINWAND SO ZERFLIESST, ALS WÄRE SIE NICHT GEMALT?

Wer sagt, dass ich male? (lacht) Malerei ist für mich die Beschäftigung mit unterschiedlichen Farben, die Zeichnung hingegen konzentriert sich auf den Kontrast von Hell und Dunkel, auf Schwarz und Weiß. So gesehen zeichne ich auf der nassen Leinwand. Deshalb gefällt mir das mit den Rauchzeichen so gut... mit Rauch zeichnen,,,

SENDEN SIE RAUCHZEICHEN ALS EINE PERSÖNLICHE MITTEILUNG?

Rauchzeichen als Lebenszeichen. Eine Spur von dem, was ich erlebt habe. Bilder als Gedächtnis oder als Rekonstruktion dessen, was passiert ist.

SIE LEBEN HIER IM ATELIER. DIE KÜCHE GLEICH NEBEN DER ARBEITSFLÄCHE. WAS ESSEN WIR DA?

Curryhühnchen.

LECKER. UND DER WEIN?

Ein Rioja. Sehen Sie, ein tiefes Rot.

FAST SCHON BLUEBERRY, WIE IN IHREN NEUEN BILDERN. WESHALB VERWENDEN SIE IMMER NUR EINE FARBE?

Da ich zunächst von der Zeichnung ausgehe, reduziere ich das Bild weitgehend auf einen Farbton. Das Warme und das Kalte, das Vertraute und das Fremde - all diese Dualitäten prägen die Farbwahl. Sei es das glühende Magenta bei den „Magenta Lovers", Bilder, die von der Erotik der Zweisamkeit handeln, oder das distanzierte Blau bei „feeling blue", einer Serie, bei der sich die einzelnen Figuren auf sich selbst konzentrieren. Im „Blueberry Cycle" kommen diese Farben, Magenta und Blau, zusammen. Blueberry ist eine tiefe Farbe, die das Motiv aufsaugt und verschlingt. Meine Bilder werden damit abstrakter.

ABSTRAKTER WAREN JA BEREITS IHRE FRÜHEN ARBEITEN AUS „SPACE BECOMES A WHIRLPOOL". DA NAVIGIERTEN SIE DURCH MALSTRÖME.

Das war für mich die Schule des Sehens, so etwas wie ein Labor. Wie sich die unterschiedlichsten Farben und Lacke mit - oder gegeneinander verhalten. Eine Art Naturkunde der Malerei. Das Ergebnis, die Bilder mögen abstrakt wirken,

DAS INTERVIEW FÜHRTE JUTTA MEYER ZU RIEMSLOH | KUNSTVEREIN MÜNSTERLAND

SMOKE SIGNALS AT DINNER

DECEMBER 2008. IN DIETER MAMMEL'S STUDIO. STANDING AND HANGING AROUND US ARE NEW PAINTINGS FROM THE BLUEBERRY CYCLE. THE SMELL OF CURRY WAFTS FROM THE KITCHEN.

WHAT ARE YOU LAUGHING ABOUT?

I just heard something funny on the radio. A politician was commenting on the current financial crisis: we thought we saw a light at the end of the tunnel, but it turns out it's a train approaching full speed ahead.

WOULD A LIGHT HAVE MADE YOU MORE HOPEFUL?

Oh, yeah... light. Lots of light–so that the shadows fall nicely.

FOR YOU TO PUT THEM ON CANVAS?

For me, the canvas is light. The shadows are color. Mark Gisbourne once said about my work, "That's not painting. That's smoke signals".

BECAUSE THE PAINT FLOWS ON THE SURFACE OF THE UNPRIMED CANVAS AS THOUGH IT HADN'T EVEN BEEN PAINTED?

Well, who says I paint? (he laughs) For me, painting is working with colors. Drawing, on the other hand, focuses on the contrast between light and dark, black and white. If you look at it that way, you could say I draw rather than paint on the wet canvas. That's why I like the comment about the smoke signals so much... making signs—drawing—with smoke...

ARE YOU SENDING OUT A PERSONAL MESSAGE WITH THESE SMOKE SIGNALS?

Smoke signals as signs of life. Traces of what I've experienced. Pictures as memory or as reconstruction of what's happened in the past.

YOU LIVE HERE IN YOUR STUDIO. THE KITCHEN'S RIGHT NEXT TO YOUR WORK SPACE. WHAT ARE WE HAVING FOR DINNER?

Chicken curry.

MMM... YUM. AND WINE?

A Rioja. Look at that deep red.

IT'S ALMOST BLUEBERRY. LIKE YOUR LATEST PICTURES. WHY DO YOU ALWAYS USE JUST ONE COLOR?

Reducing the picture to mainly one color has to do with my point of departure, which is drawing. Warm/cold, familiar/foreign—these dualities influence my choice of color. Whether it's the glowing magenta in "Magenta Lovers", a series that has to do with the eroticism of intimacy, or the distanced blue in "Feeling Blue", a series in which the individual figures are concentrated on themselves. In "Blueberry Cycle" these colors, magenta and blue, come together. Blueberry is a deep color that sucks up the subject and devours it. My pictures become more abstract this way.

YOUR EARLIER WORKS IN "SPACE BECOMES A WHIRLPOOL" WERE ACTUALLY ALREADY MORE ABSTRACT. YOU WERE NAVIGATING THROUGH SOME REAL MAELSTROMS!

It was like a "School of Seeing", like a laboratory, for me. How do different paints and lacquers behave together, or how do they behave

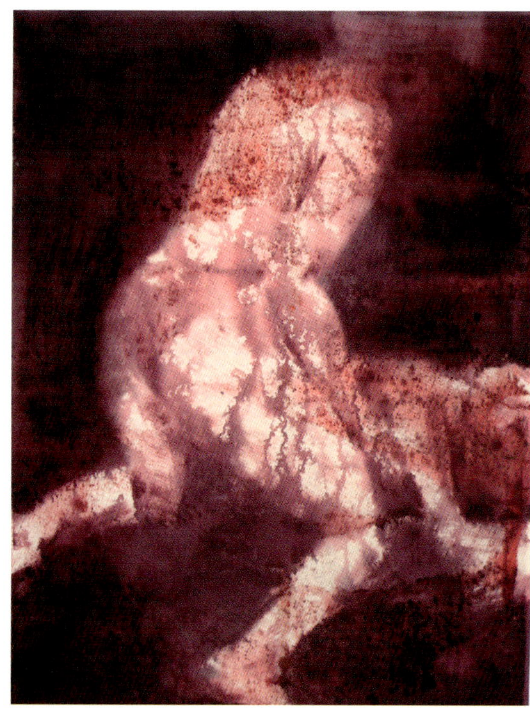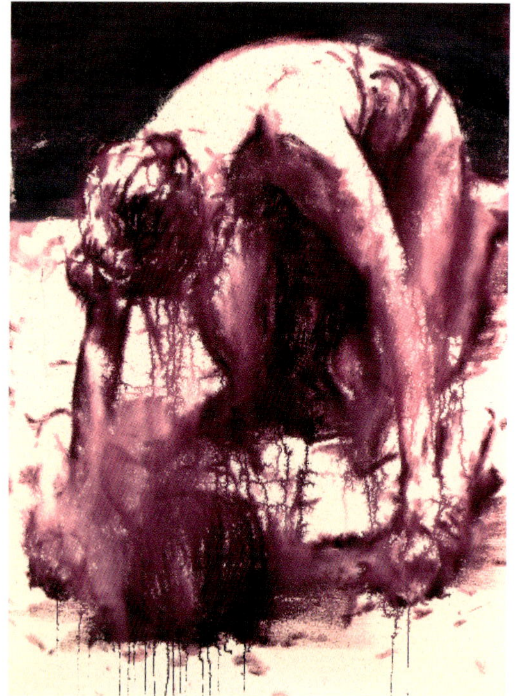

against each other? A kind of science of painting. The result is that the paintings may appear abstract, but for me the process, the experimentation, is anything but that.

BUT YOU'VE NEVER PORTRAYED YOUR SUBJECTS REALISTICALLY.

Oh, sure: a landscape from above, a footprint in the sand... from cells splitting to planets conjuncting. It's all real. As real as the flow of colors. A trace of yellow vanilla sauce in the chocolate pudding ... want some dessert?

JUST SOME COFFEE WOULD BE NICE.

PINA AND NINA, DANCE AND THEATER

WHILE WE'RE HAVING COFFEE, I'D LIKE TO DISCUSS CAFÉ MUELLER AND PINA BAUSCH.

Pina Bausch was one of the first people I met in Berlin. I had just changed art schools: had moved from Stuttgart to Berlin. That was 1987. I went to East Berlin and, just by chance, saw a performance of both Café Mueller and the Rite of Spring. I was thrilled by Bausch's work: how just with her body and the music she is able to tell funny, but also tragic, stories. At that time I hoped that I would be able to do something of the same in my own

work, but I wasn't that far along yet. Not until now, am I really able to portray a person who has confronted their inner self. These days I'm less interested in how people move than in what moves them.

IN GENERAL, MOVEMENT PLAYS AN IMPORTANT ROLE IN YOUR WORK.

That's true. When I started out in Rudolf Schoofs' class in Stuttgart, the first thing I noticed was how stationary he was when he worked. He sat around like a Buddha and drew with his hand. Then I changed over to KRH Sonderborg, a nimble, wiry man. He worked with his whole body. Like Jackson Pollock. That suited me a lot better. So I tossed my table and easel out the window and laid the paper on the floor, as I later did with the canvas, too, so that I could approach it from all sides without any hindrance. And that's where it's still lying now.

WELL, OTHERWISE, THE PAINT WOULD RUN OFF THE SURFACE WITH YOUR WET-ON-WET TECHNIQUE. YOU PAINT WITH AN INK WASH AND WATER-COLOR ON A WET CANVAS. WITHOUT A SKETCH. WITHOUT A PROJECTOR.

Projection wouldn't be effective for my way of working. And as far as the sketch goes, I don't do one directly on the canvas, but on paper. I do the sketch on the floor, too. That's how I move the most easily.

IN YOUR STAGE SETTING FOR "BETAKE YOURSELF", THE DANCE THEATER PIECE BY MS SCHRITTMACHER, MOVEMENT IS ALSO NECESSARY. THE PUBLIC IS ASKED TO WANDER AROUND ON THE STAGE.

Yes, instead of "Betake Yourself", it could also simply be called "Move". In order to experience anything, you have to move. The walls on stage are moveable, too. The dancers are always in a different place, surrounding you ... everywhere. You move around on a stage set in which the rooms are constantly changing. You have to decide where you want to go. That sharpens your perception of what you see.

WHY DID YOU DECIDE TO USE THE LARGE-SCALE WOODCUTS AND THEIR PRINTING BLOCKS AS MOVEABLE WALLS?

The printing blocks have a strong physical presence. The raw, carved wood—dyed pitch-black—contrasts with the dancers' bodies. And I also thought it was very interesting to see the printing blocks and the prints mirror each other: as Hamlet says, „to hold, as 'twere, the mirror up to Nature, to show... the very age and body of the time his form and pressure". We placed the prints directly opposite their printing blocks. It's a kind of Hall of Mirrors.

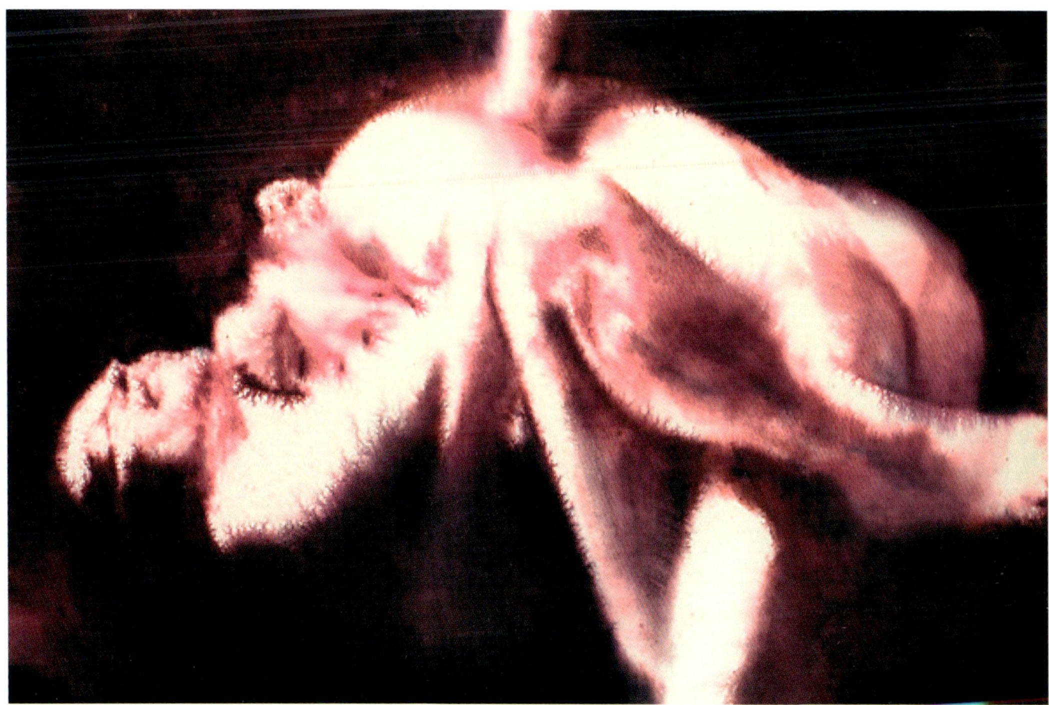

aber der Prozess, das Experimentieren für mich nie.

Doch, absolut: eine Landschaft von oben, ein Fußabdruck im Watt, von der Zellteilung bis zum Planetencocktail. Alles real. So wirklich wie das Fließen der Farbe. Eine Spur von gelber Vanillesoße im Schokopudding ... Nachtisch?

PINA UND NINA, TANZ UND THEATER

Pina Bausch gehört zu meinen ersten Begegnungen in Berlin. Ich hatte gerade meinen Studienort gewechselt, war von Stuttgart nach Berlin gezogen. Das war 1987. Ich fuhr nach Ostberlin und sah durch Zufall Café Müller und Le Sacre du Printemps. Ich war begeistert von ihrer Arbeit. Wie sie ausschließlich mit Körper und Musik komische, aber auch tragische Geschichten erzählt. Ich habe mir damals gewünscht, dass ich in meinen Bildern etwas davon hineinbringen kann, aber ich war noch nicht so weit. Jetzt erst kann ich Menschen malen, die auf sich selbst zurückfallen. Mich

interessiert mittlerweile nicht so sehr, wie sich ein Mensch bewegt, sondern was ihn bewegt.

Das stimmt. Als ich anfing, in Stuttgart bei Rudolf Schoofs zu studieren, fiel mir auf, wie unbewegt er arbeitete. Er saß wie ein Buddha immer herum und zeichnete nur mit der Hand. Dann ging ich zu KRH Sonderborg, ein flinker, drahtiger Mann. Der arbeitete mit dem ganzen Körper. Wie Jackson Pollock. Das entsprach mir viel mehr. Also schmiss ich Tisch und Staffelei aus dem Fenster und legte das Papier wie auch später die Leinwand auf den Boden, um mich ungehindert der Leinwand von allen Seiten nähern zu können. Da liegt sie heute noch.

Projizieren ginge bei meiner Art zu arbeiten gar nicht. Und was die Vorzeichnung betrifft, die mache ich nicht direkt auf der Leinwand, sondern auf Papier. Auch die entsteht hier auf dem Boden. Da kann ich mich am besten bewegen.

Ja, statt „Begeben Sie sich" könnte es auch „Bewegen Sie sich" heißen. Um etwas zu erfahren, muss man sich bewegen. Die Wände verschieben sich. Die Tänzer sind immer woanders, um einen herum, überall. Man bewegt sich im Bühnenbild, dessen Räume sich ständig verändern. Man muß sich entscheiden, wohin man gehen will. Das schärft die Wahrnehmung für das, was man sieht.

Die Druckstöcke haben ja eine stark körperliche Präsenz. Das rohe, beschnitzte Holz—pechschwarz eingefärbt—steht im Kontrast zu den Körpern der Tänzer. Dann fand ich das Spiegeln von Druckstock und Abdruck interessant. Wie es im „Hamlet" heißt, „dem Körper der Zeit den Abdruck seiner Gestalt zeigen". Wir haben den Druckstöcken ihre Drucke gegenübergestellt. Das hatte was von Spiegelkabinett.

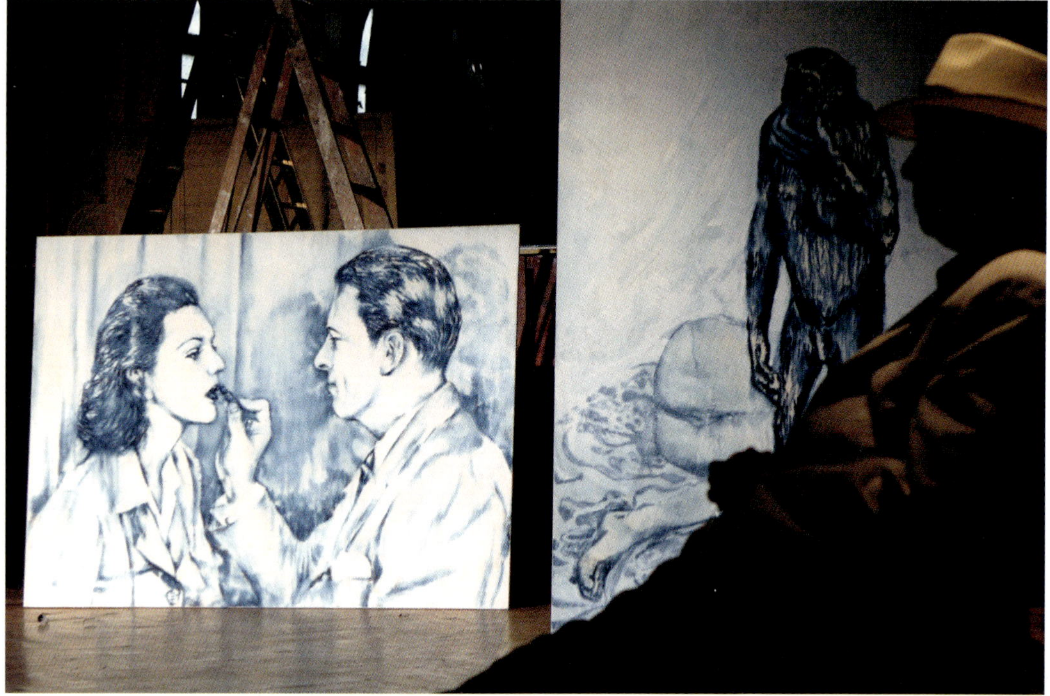

Not consciously. We usually run into each other outside the front door. Maybe her spirit drifts up the stairs to me (he laughs).

MIRRORS ARE ALSO A THEME IN YOUR NEW BLUEBERRY CYCLE, WHERE THE PICTURES GIVE THE IMPRESSION THAT THE SUBJECT IS EITHER IN OR IN FRONT OF A DISTORTION MIRROR.

Mirroring is basically what pictures are about. Inner pictures are brought to the outside, where their reflections can be observed. Lately, I've been depending less and less on outer pictures in order to intensify the expression in my painting or to achieve a dream-like effect: superimposing images like in "In the Studio", or distorting them as in "Pain", where my girlfriend Claudia looks more naked than in either "Monday Picture" or "Figo".

IN THE DISTORTED PICTURES, IT DEPENDS UPON THE PERSPECTIVE OF THE VIEWER.

I built up the pictures sideways. From a side angle, they don't look that distorted. If you don't just stand still in front of the picture, as most people do, but instead move and wander back and forth, then the perspective changes and the distortion disappears. I would love to fill a whole room completely with distorted pictures like these. Canceling out the boundary between dream and reality. Even though the pictures are physical objects, immobile, the whole thing rotates inside of you as you turn: if you'd turn fast enough you'd have a movie in your head.

OR YOU'D GET DIZZY!

Would you like some whiskey?

SO THAT YOUR PORTRAITS CAN START LOOKING EVEN MORE DISTORTED TO ME THAN THEY ALREADY ARE? NO, THANK YOU. I'D RATHER JUST HAVE WATER. WATER IS YOUR MEDIUM PAR EXCELLENCE, NOT JUST TO PAINT WITH, BUT TO PAINT ABOUT: BOATS, RAIN KISSES, DRENCHED BODIES. TAKE, FOR EXAMPLE, THAT PORTRAIT OVER THERE OF THE ACTRESS NINA HOSS. HER FACE IS ALMOST DISSOLVING IN HER WET HAIR.

Hair is the ideal connecting element between the body and space. The body becomes part of space. It's like in theater. Theater is actually body in space. In painting, of course, space has limited depth. Painting is pure illusion: in a really good picture you forget that, just as in a good theater piece.

YOU'RE A FRIEND OF THE DRAMATIST MATTHIAS WITTEKINDT.

Yes. There are interesting parallels between his development and mine. In the beginning, each of us was concerned with general issues and situations. Then we both—almost simultaneously—became acquainted with two very strong women, who shook us up so thoroughly that there was nothing left for either of us to do other than to start working in a more personal way.

From Matthias I learned that theater, along with all its emotionality, is absolutely precision work. When do I do what, and how much of that? The right measure, the right timing. Over the years, I have incorporated quite a bit of this into my work: how much paint do I add when to the wet canvas? The exact right moment is what counts. It's not possible to correct or paint over. The paint and the canvas both dry fast. So, a high degree of precision and concentration, but also the courage to take a risk—you can't take a shower without getting wet!

IS THAT WHY YOU DON'T LIKE HAVING SOMEONE LOOKING OVER YOUR SHOULDER WHILE YOU WORK?

It actually went very well recently, when we were shooting "Under Deep Water": the producer and co-director, Claudio Malasomma, and our camera operator, Sten Skoglund, were documenting how some of my paintings came into being.

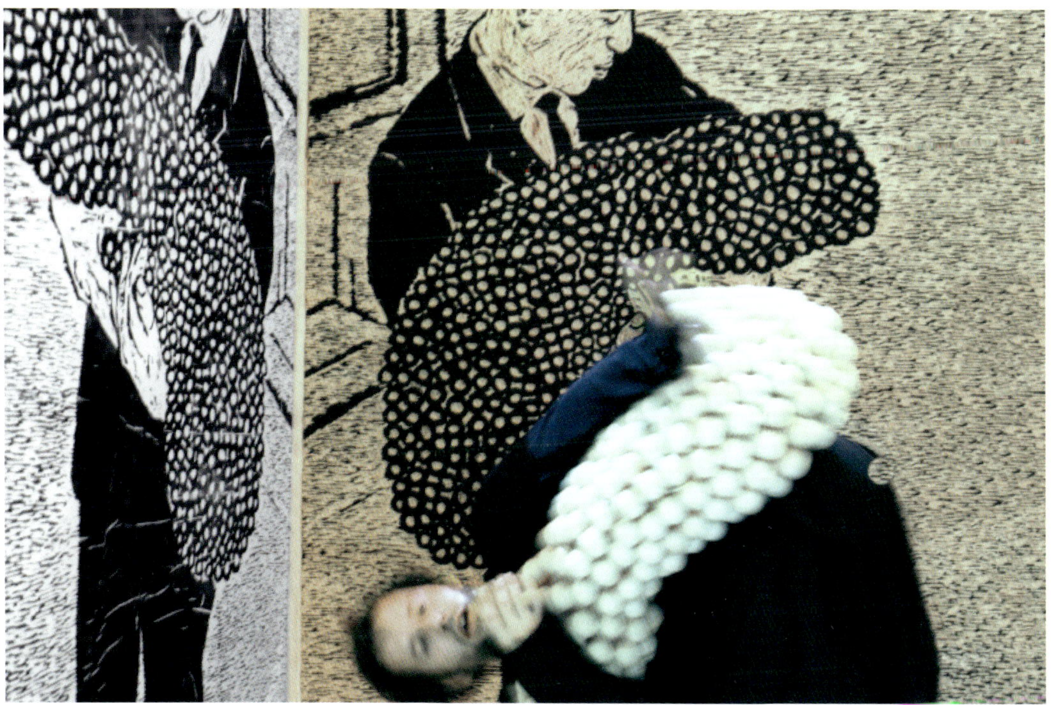

SIND SIE INSPIRIERT VON IHRER NACHBARIN, DER BILDHAUERIN ISA GENZKEN, DIE JA VIEL MIT SPIEGELN ARBEITET?

Nicht bewusst. Wir treffen uns meistens vor der Tür. Vielleicht wandert ja ihr Geist zu mir nach oben (lacht).

AUCH IN IHREN NEUEN BILDERN, DEM „BLUEBERRY CYCLE", IST DER SPIEGEL WIEDER THEMA, WENN DIE BILDER EINE ANMUTUNG HABEN, ALS WÜRDE SICH DIE GEMALTE PERSON VOR ODER IN EINEM VERZERRENDEN SPIEGEL BEFINDEN.

Bilder haben grundsätzlich mit Spiegeln zu tun. Es geht um Innenbilder, die nach außen gebracht werden und die man sich reflektiert ansehen kann. In letzter Zeit stütze ich mich immer weniger auf Außenbilder, um in meiner Malerei den emotionalen Ausdruck zu steigern oder eine traumartige Wirkung zu erlangen. Überblendet wie „Im Atelier" oder verzerrt wie im Bild „Schmerz", in dem meine Freundin Claudia nackter erscheint als im „Montagsbild" oder in „Figu".

ES KOMMT BEI DEN VERZERRTEN BILDERN AUF DEN STANDPUNKT DER BETRACHTUNG AN.

Ich habe die Bilder von den Seiten her aufgebaut. Von da aus wirken sie gar nicht so verzerrt. Wenn man nicht, wie üblich, vor einem Bild stehen bleibt, sondern sich bewegt und geht, verändert sich die Perspektive und die Verzerrung hebt sich auf. Ich würde am liebsten einen ganzen Raum mit solchen verzerrten Bildern füllen. Die Grenze zwischen Realität und Traum aushebeln. Obwohl die Bilder physische Objekte sind, unbeweglich, rotiert das Ganze. Und wenn man sich schnell genug dreht, dann würde im Kopf ein Film entstehen.

ODER ES WÜRDE EINEM DABEI SCHWINDLIG WERDEN.

Mögen Sie einen Whisky?

DAMIT SICH DIE VERZERRUNG IHRER PORTRAITS FÜR MICH NOCH STEIGERT? NEIN, DANKE. LIEBER NUR WASSER. WASSER IST JA IHR MEDIUM SCHLECHTHIN, NICHT NUR ALS MALMITTEL, SONDERN AUCH INHALTLICH: BOOTSBILDER, REGENKÜSSE, NASSE KÖRPER. NEHMEN WIR ALS BEISPIEL DA DRÜBEN DAS PORTRAIT DER SCHAUSPIELERIN NINA HOSS. IHR GESICHT SCHEINT SICH BEINAHE IN DEN NASSEN HAAREN AUFZULÖSEN.

Haare verbinden ideal den Körper mit dem Raum. Der Körper wird Teil des Raumes. Wie im Theater. Theater ist Körper im Raum. In der Malerei hat der Raum natürlich eine begrenzte Tiefe. Malerei ist ja reine Illusion. Die vergisst man bei einem guten Bild wie bei einem guten Theaterstück.

SIE SIND MIT DEM DRAMATIKER MATTHIAS WITTEKINDT BEFREUNDET.

Ja. In unserer Entwicklung gibt es eine interessante Parallele. Am Anfang haben wir uns beide mit allgemeinen Dingen und Zuständen beschäftigt. Dann lernten wir fast gleichzeitig zwei starke Frauen kennen, die uns so durchgeschüttelt haben, dass uns danach nichts anderes übrig blieb, als in unserer Arbeit persönlicher zu werden.

Von Matthias habe ich gelernt, dass Theater bei aller Emotionalität absolute Präzisionsarbeit ist. Wann mache ich was und wieviel davon. Das richtige Maß, das richtige Timing. Ich habe über die Jahre eine Menge davon in meine Arbeit übernommen: Wann gebe ich wieviel Farbe auf die nasse Leinwand. Es zählt der richtige Augenblick. Es ist unmöglich, zu korrigieren, zu übermalen. Und die Farbe und Leinwand trocknet schnell. Also hohe Präzision und Konzentration, aber auch Mut zum Risiko: Man kann nicht duschen, ohne nass zu werden.

MÖGEN SIE DESHALB NICHT, WENN MAN IHNEN DABEI ÜBER DIE SCHULTER SCHAUT?

Jetzt beim Dreh von „Under Deep Water", als der Produzent und Co-Regisseur Claudio Malasomma und unser Kameramann Sten Skoglund den Entstehungsprozess einiger Bilder filmten, da hat es wunderbar

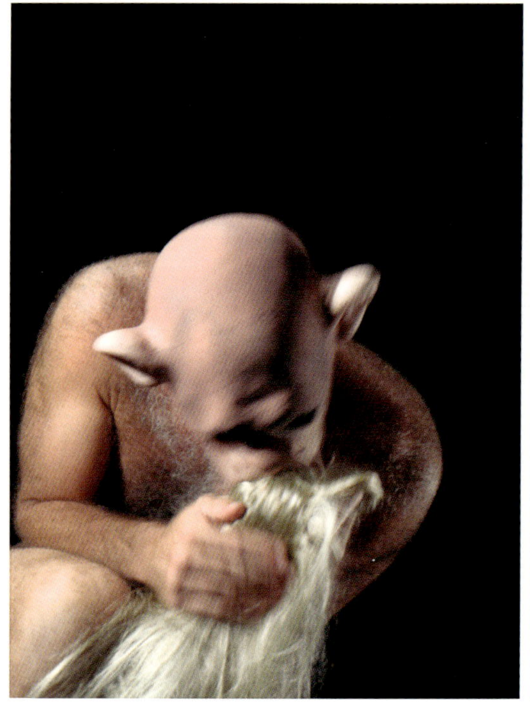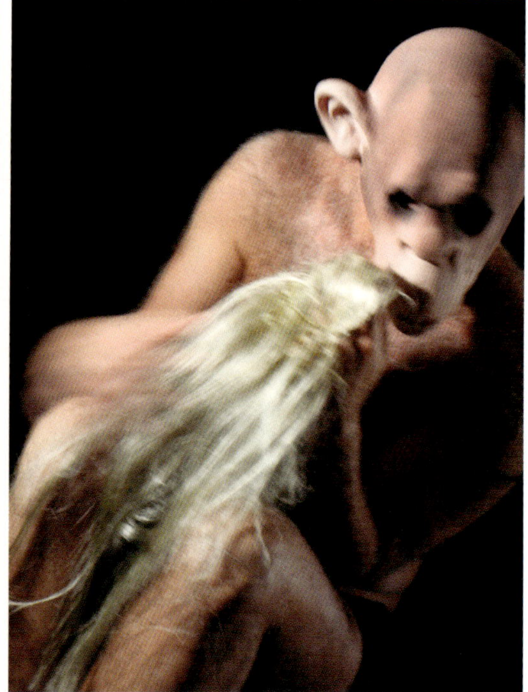

But both of them were as still as mice, and just as concentrated as I was.

ON THE WAY TO THE MOVIES: "FROM MAMMA PAPPA AND THE RED NAILS" TO "UNDER DEEP WATER"

SPEAKING OF "STILL AS MICE", WHAT ARE WE LISTENING TO RIGHT NOW?

Nik Bärtsch.

PRETTY INTENSE STUFF. AND BEFORE THAT?

That was Patti Smith.

AHA. WHOM YOU RECENTLY PAINTED.

Robert Mapplethorpe did some remarkable photographs of her that I've studied very closely... I could put on something even more intense: Jonny Greenwood. The music to "There Will Be Blood".

OK, IF YOU WANT TO PUT AN END TO OUR TALK...

Have you seen the movie?

NO. NOT YET.

A powerful film. Daniel Day-Lewis plays an oil baron obsessed with success. It's the most brutal character study of a lost soul since Scorsese's Raging Bull.

YOU HAVE A DRAWING HANGING SOMEWHERE HERE THAT HAS TO DO WITH RAGING BULL.

Yes. Robert da Niro as a boxer in the ring... There Will Be Blood is a monumental elegy on the American Dream, a nightmare of the robber and turbo capitalism that's been announcing its bankruptcy in recent times.

WHEREBY WE'RE BACK TO THE QUOTE ABOUT THE FINANCIAL CRISIS.

We're already feeling some of the effects: there's ever less money for cultural projects. I'm experiencing this right now, as I try to get my film project for Istanbul financed.

IN FILM-MAKING YOU ARE ESPECIALLY DEPENDENT UPON EXTERNAL FUNDING.

And on teamwork. I find it very satisfying to work together with others. At least once a year, I have a project in which I step away from my paint tubes and do something different, be it theater or—like now—our film, Under Deep Water.

YOU MUST HAVE SPENT A LOT LESS ON YOUR FIRST FILM, MAMMA PAPPA AND THE RED NAILS, A VIDEO WORK FOR TWO ROOMS, THAT WAS SHOWN IN 2003 IN THE EXHIBIT SONIC SELF IN THE CHELSEA ART MUSEUM IN NEW YORK. IN ONE OF THE ROOMS, A GREEN ROOM, YOUR BROTHER IS STRIKING A LOG WITH AN AX. IT'S LIKE THE RHYTHM OF AN ACCELERATING TRAIN. NEXT TO HIM, DRESSED LIKE YOUR MOTHER, YOU'RE STUFFING A WASHING MACHINE WITH LAUNDRY. IN A RED ROOM, A WOMAN IS PUTTING NAIL POLISH ON HER TOENAILS AND REMOVING IT AGAIN.

Life as a loop. As penetrating repetition in the dreary daily grind—just like in art. This repetition demands a discipline that you can't do without, if you want to get the creative process going and realize your work. It produces the psychic space within which new pictures can come into being. It's always when we no longer have to think about our actions that a space is created in which the imagination has free reign.

THE IMAGINATION THAT HAULED UP THAT BIZARRE CREATURE FROM THE BOTTOM OF THE SEA IN YOUR LATEST FILM, UNDER DEEP WATER! WHAT'S A MONKEY-HUMAN DOING AT THE BOTTOM OF THE SEA?

He's mourning the loss of his loved one.

SO WHAT DOES THAT HAVE TO DO WITH THE STORY OF THE FILM, AN UNDER-WATER TRIP FROM THE OCCIDENT TO THE ORIENT – FROM BERLIN TO ISTANBUL? THE FILM IS BEING

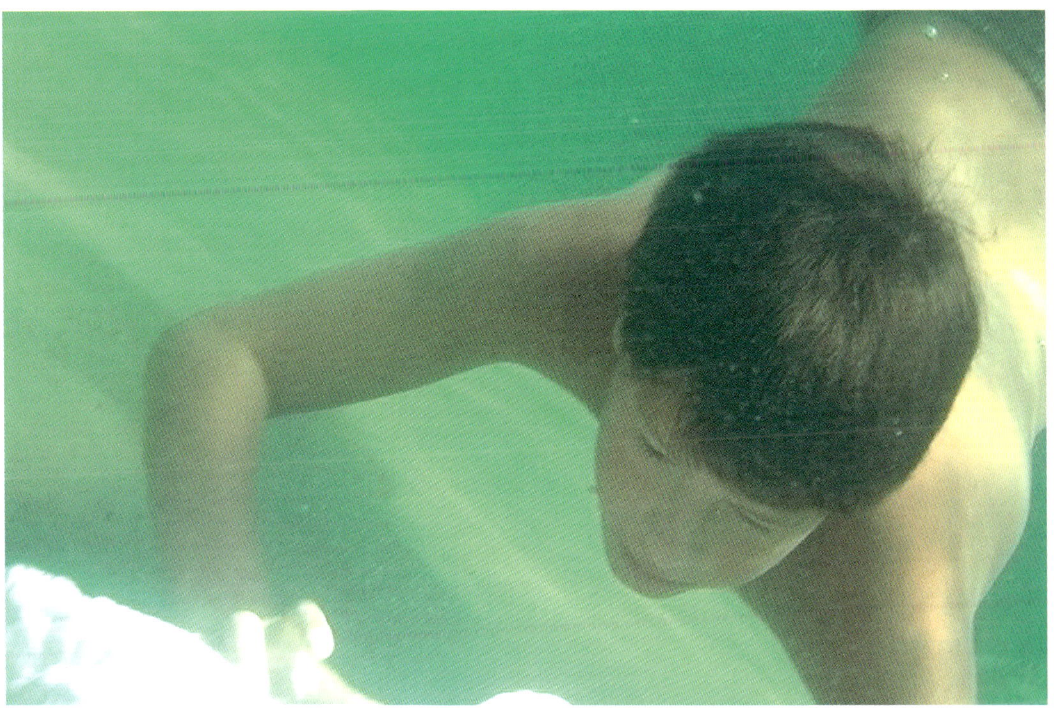

geklappt. Die beiden waren aber mucksmäuschenstill und genauso konzentriert wie ich.

AUF DEM WEG INS KINO VON „MAMMA PAPPA AND THE RED NAILS" ZU „UNDER DEEP WATER"

APROPOS: MUCKSMÄUSCHENSTILL, WAS HÖREN WIR DA GERADE?

Nik Bärtsch.

SCHÖN ANSTRENGEND. UND VORHER?

Das war Patti Smith.

AH, DIE SIE NEULICH GEMALT HABEN.

Robert Mapplethorpe hat bemerkenswerte Fotos von ihr gemacht, die ich mir genau angeschaut habe... Ich könnte uns noch etwas Anstrengendes auflegen: Jonny Greenwood. Die Musik zu „There will be blood".

WENN SIE UNSER GESPRÄCH BEENDEN WOLLEN.

Haben Sie den Film gesehen?

NEIN. NOCH NICHT.

Ein großer Film. Daniel Day-Lewis spielt einen vom Erfolg besessenen Ölbaron und damit die brutalste Charakterstudie einer verlorenen Seele seit Scorseses „Raging Bull".

ZU „RAGING BULL" HÄNGT HIER EINE ZEICHNUNG.

Ja. Robert De Niro als Boxer im Ring... „There will be blood" ist die größte Elegie auf den amerikanischen Traum, ein Albtraum vom Raub- und Turbokapitalismus, der in den letzten Tagen seinen moralischen Bankrott anmeldet.

WO WIR WIEDER BEI DEM SPRUCH ÜBER DIE FINANZKRISE WÄREN.

Die Auswirkungen bekommen wir jetzt schon zu spüren. Für größere Kulturprojekte gibt es immer weniger Mittel. Das erfahre ich gerade bei der Realisierung eines Filmprojekts für Istanbul.

BEIM FILM IST MAN JA AUF FÖRDERUNGEN EXTREM ANGEWIESEN.

Und auf Teamwork. Ich finde es heilsam, mit Anderen zu arbeiten. Ich habe jedes Jahr mindestens ein Projekt, bei dem ich aus meinem Farbtopf steige und etwas Anderes mache, ob im Theater oder jetzt mit unserem Film „Under Deep Water".

IHRE ERSTE FILMARBEIT WAR SICHER FINANZIELL WENIGER AUFWANDIG. „MAMMA PAPPA AND THE RED NAILS", EINE VIDEOARBEIT FÜR ZWEI RÄUME, DIE 2003 IN DER AUSSTELLUNG SONIC SELF IM CHELSEA ART MUSEUM IN NEW YORK GEZEIGT WURDE. IN DEM EINEN GRÜNEN RAUM SCHLÄGT IHR BRUDER, VERKLEIDET ALS IHR

GEMEINSAMER VATER, MIT DER AXT IN EINEN HOLZSCHEIT DEN RHYTHMUS EINES BESCHLEUNIGENDEN ZUGES. NEBEN IHM STOPFEN SIE, VERKLEIDET ALS IHRE GEMEINSAME MUTTER, DIE WÄSCHE IN DIE WASCHMASCHINE. IN DEM ANDEREN ROTEN RAUM LACKIERT SICH EINE FRAU DIE FUSSNÄGEL UND NIMMT DANACH DEN NAGELLACK WIEDER RUNTER.

Das Leben als Loop. Als penetrante Wiederholung im grauen Alltag wie in der Kunst. Die Wiederholung fördert eine Disziplin, die man braucht, um kreative Prozesse in Gang zu setzen und zu realisieren. Und sie schafft einen geistigen Raum, in dem neue Bilder entstehen können. Immer dann, wenn wir beim Handeln nicht mehr nachdenken müssen, schaffen wir Freiräume für die Phantasie.

DIE IN IHREM AKTUELLEN FILM „UNDER DEEP WATER" SELTSAME WESEN VOM GRUND DES MEERES HERAUFBEFÖRDERT. WAS MACHT DER AFFENMENSCH DA AUF DEM MEERESGRUND?

Er trauert um den Verlust seiner Geliebten.

UND WAS HAT DAS MIT DER GESCHICHTE DES FILMS ZU TUN, EINER UNTERWASSERREISE VOM OKZIDENT IN DEN ORIENT, VON BERLIN NACH ISTANBUL? DER FILM SOLL 2010 IN ISTANBUL GEZEIGT WERDEN, WENN

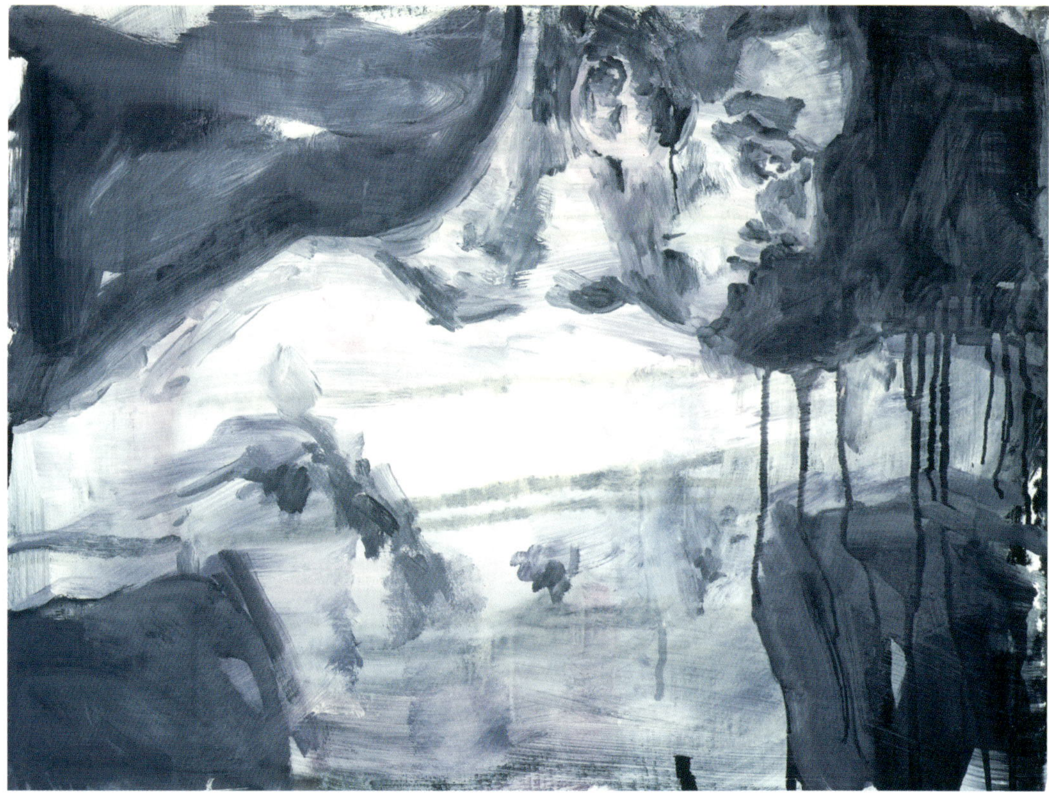

A young man jumps into the water and plunges into life. That has to do with gaining experience, with change, but also with loss.

YOU RECENTLY LOST YOUR FATHER.

We had a year of farewell. He had a stroke at the beginning of the year. After that I was together with him very often. Tried to teach him to walk again. But in the end, he left us too quickly afterall. I'm still very sad about this.

DO YOU MOURN YOUR LOST CHILD-HOOD, TOO? AFTER ALL, YOU'VE PAINTED OVER 200 FAMILY PIC-TURES. MANY OF YOUR MOTIFS ORI-GINATE IN YOUR CHILDHOOD.

For me, memory is something very precious. The past intensifies the present. Though one can look at it as something lost, the process of remembering still has something very tangible about it.

WHAT WAS SPECIAL ABOUT YOUR CHILDHOOD?

I grew up in a home with four generations surrounding me. My younger brother Helmut, our parents, grand-parents, and great-grandparents. Emotional high-voltage. At some point it had to discharge.

AND THAT'S HOW IT CAME TO THIS EXTENSIVE SERIES, FAMILY WORKS?

Yes. The catalyst for it was a chance encounter in New York.

GRANDMA IN NEW YORK: "WHEN YOUR ARTWORK BECOMES YOUR ROLE MODEL'S NEEDLEWORK"

YOUR FIRST EXHIBIT IN NEW YORK WAS IN THE MONIQUE GOLDSTROM GALLERY, WHERE YOU SHOWED YOUR LANDSCAPES, WHICH—I JUST FOUND OUT—DIRECTLY FOLLOWED YOUR PERIOD OF NATURAL HISTORY PAINTING. THESE PICTURES SHOW LANDSCAPES WITH HOUSES IN WHICH YOU SPENT YOUR CHILD-HOOD AND YOUTH, ESPECIALLY IN THE MOUNTAINS, WHERE YOU WENT FOR VACATIONS. WHY DID YOU PAINT THESE PICTURES IN OIL?

Houses and mountains have sub-stance. And for me, oil painting also has this physical substantiality: the gradual build-up of a picture, layer by layer. Human bodies, on the other hand, move. The movement and the blurriness that result can be portrayed better with watercol-or. It's a medium that has a certain lightness that oil doesn't have.

WHAT CAUSED YOU TO SWITCH FROM THE LANDSCAPE PICTURES IN OIL TO THE SERIES OF FAMILY PIC-TURES, FAMILY WORKS, IN WATER-COLOR AND INK WASH?

At the exhibit of my landscapes and houses, I came upon a little, el-derly lady who was flailing her cane dangerously close to my paintings. She asked me ill-humoredly where the people were in my pictures, and I answered: "in the houses—that's my family in there." She ut-tered just three words: "Open the door!", and then she was gone. Lat-er I was told that the old lady was the well-known sculptress, Louise Bourgeois. She reminded me of my grandmother. For a split second I thought: Grandma's in New York! So I flew back to Berlin, opened the doors, and let the family out.

WHICH YOU EXHIBITED TWO YEARS LATER, 2001, IN YOUR SECOND NEW YORK SHOW.

And, along with that, goes the dreadful story of finding ashes be-tween my pictures in the transport

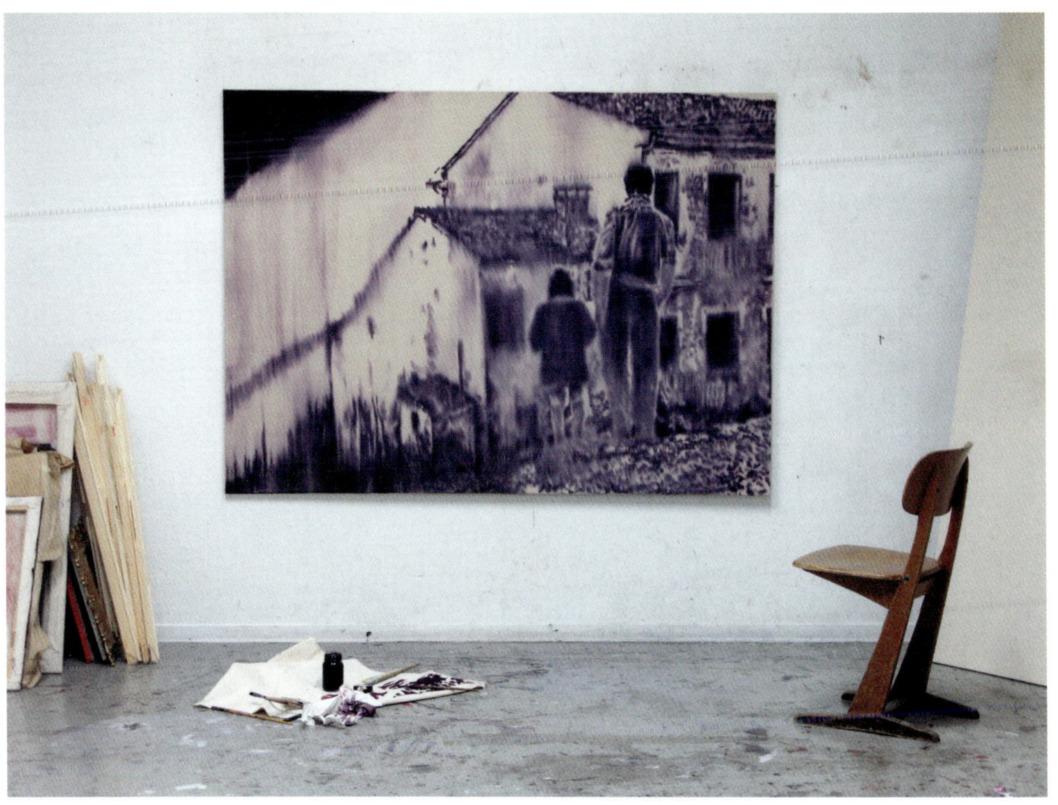

ISTANBUL KULTURHAUPTSTADT VON
EUROPA WIRD.

Ein junger Mensch springt ins Wasser und taucht ins Leben. Das hat mit Erfahrungsgewinn, Verwandlung aber auch mit Verlusten zu tun.

SIE HABEN VOR KURZEM IHREN VATER VERLOREN.

Wir hatten ein Jahr des Abschieds. Er hatte am Anfang des Jahres einen Schlaganfall. Daraufhin war ich ganz oft bei ihm, habe versucht, ihm das Gehen wieder beizubringen. Am Ende ist er doch zu schnell von uns gegangen. Darüber bin ich immer noch sehr traurig.

TRAUERN SIE AUCH IHRER VERLORENE KINDHEIT NACH? IMMERHIN HABEN SIE ÜBER ZWEIHUNDERT FAMILIENBILDER GEMALT. VIELE MOTIVE STAMMEN AUS IHRER KINDHEIT.

Für mich ist die Erinnerung etwas sehr Kostbares. Die Vergangenheit verdichtet die Gegenwart. Man könnte sie zwar als etwas Verlorenes ansehen, aber der Prozess des sich Erinnerns hat etwas Greifbares.

WAS WAR DAS BESONDERE AN IHRER KINDHEIT ?

Ich wuchs in einem Elternhaus auf, umgeben von vier Generationen. Mein jüngerer Bruder Helmut, die

Eltern, Großeltern und unsere Urgroßeltern. Emotionale Hochspannung. Die musste sich irgendwann einmal entladen.

SO KAM ES ZU DIESER UMFANGREICHEN SERIE „FAMILY WORKS" ?

Ja. Auslöser war dabei eine Begegnung in New York.

OMA IN NEW YORK: „WENN VORBILDER NACHNÄHEN"

SIE HATTEN 1999 IN NEW YORK EINE ERSTE AUSSTELLUNG IN DER MONIQUE GOLDSTROM GALLERY MIT IHREN LANDSCHAFTSBILDERN, DIE AUF IHRE, WIE ICH JETZT ERFAHREN HABE, NATURKUNDEMALEREI FOLGTEN. ES HANDELT SICH DABEI UM LANDSCHAFTEN MIT HÄUSERN, IN DENEN SIE IHRE KINDHEIT UND JUGEND VERBRACHTEN, VOR ALLEM DIE URLAUBE IN DEN BERGEN. WESHALB HABEN SIE DIESE BILDER IN ÖL GEMALT?

Häuser und Berge sind eine feste Angelegenheit. Die Ölmalerei hat für mich auch dieses körperlich Substanzielle: Der langsame Aufbau eines Bildes. Schicht für Schicht.

Menschliche Körper hingegen bewegen sich. Diese Bewegung und die damit verbundene Unschärfe lässt sich mit der Wasserfarbe besser darstellen. Sie hat eine bestimmte Leichtigkeit, die die Ölmalerei nicht hat.

WIE KAMEN SIE DANN ZUM WECHSEL VON DEN LANDSCHAFTSBILDERN IN ÖL ZU DER SERIE MIT DEN FAMILIENBILDERN „FAMILY WORKS" IN AQUARELL UND TUSCHE?

Ich traf in der Ausstellung meiner Landschaften und Häuser eine kleine, alte Dame, die mit ihrem Stock gefährlich nah vor meinen Bildern herumfuchtelte und mich mürrisch fragte, wo denn die Menschen in den Bildern seien. Ich antwortete: In den Häusern, da ist meine Familie drin. Sie sagte nur drei Worte „Open the door" und verschwand. Später erfuhr ich, dass die alte Dame die bekannte Bildhauerin Louise Bourgeois war. Sie erinnerte mich an meine Großmutter. Ich dachte wirklich kurz: Oma in New York. Ich flog also nach Berlin zurück, öffnete die Türen der Häuser und ließ die Familie raus.

DIE SIE DANN ZWEI JAHRE SPÄTER, 2001, IN IHRER ZWEITEN EINZELAUSSTELLUNG IN NEW YORK ZEIGTEN.

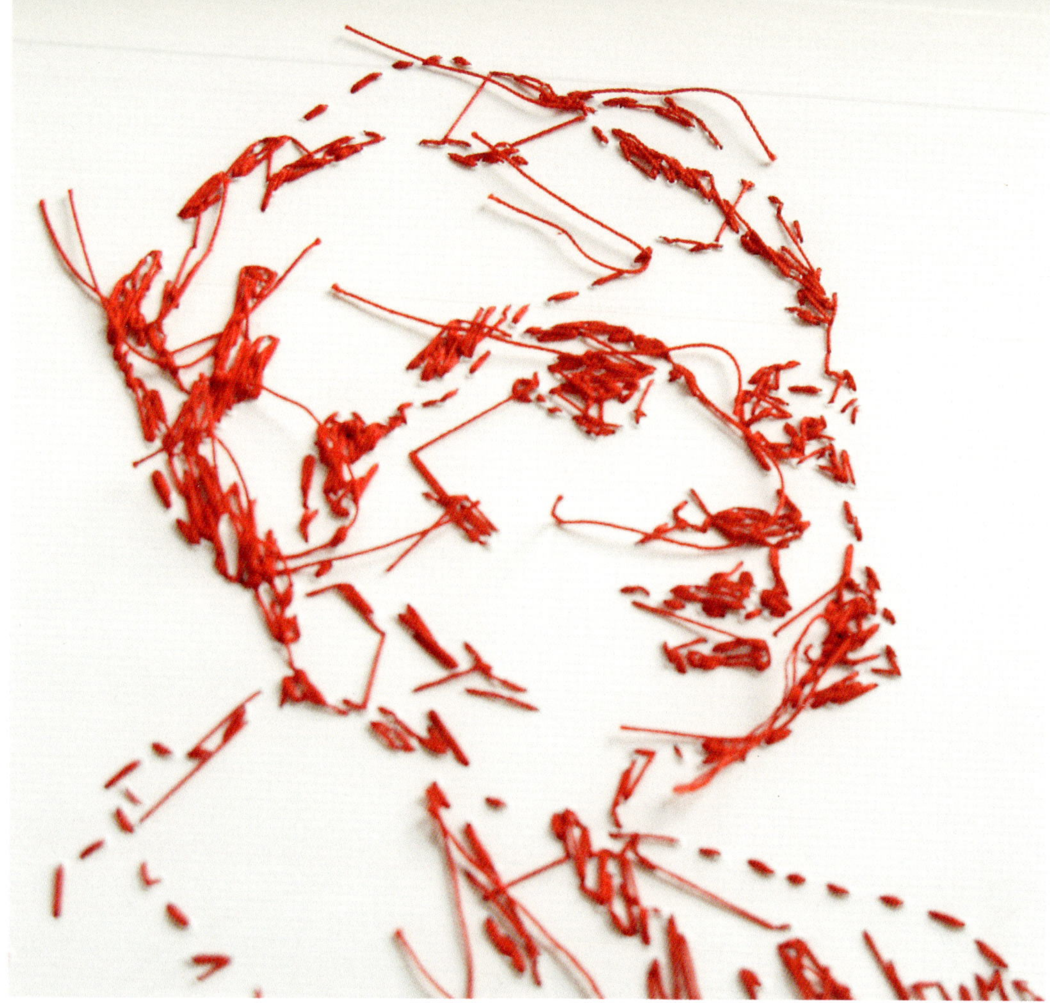

crates when they arrived back from the exhibit in September 2001. Monique Goldstrom's gallery wasn't far from Ground Zero. Then, shortly thereafter, my gallerist died. After all this, I had no desire to return to New York.

I CAN CERTAINLY UNDERSTAND YOUR FEELING…
BACK TO LOUISE BOURGEOIS: IN YOUR COLLECTION OF WORKS BY FRIENDS AND COLLEAGUES, NEXT TO PICTURES BY VALÉRIE FAVRE, CORNELIA SCHLEIME UND ELISABETH PEYTON, YOU HAVE A BEAUTIFUL ETCHING OF HERS: A CHILD SUCKING ITS FOOT.

And, the child is caught doing this. An intimate scene unveiled. I find it very personal. Bourgeois puts her whole self into her work: one hundred percent. With all her passion and the incredible fury that keeps her alive and creating. She's going to turn 100 soon.

AND YOUR GRANDMOTHER WILL BE 90. SHE'S CERTAINLY ALSO A REMARKABLE OLDER LADY WHO PLAYS AN IMPORTANT ROLE IN YOUR LIFE. YOU COOPERATED ON A SERIES OF WORKS, DRAWINGS IN WHICH YOUR GRANDMOTHER HAND-SEWED WHAT YOU HAD DRAWN, THE SO-CALLED NEEDLE DRAWINGS.

Yes. We started on that project in Tenerife, where I always visit my grandparents for a few weeks every winter. It was seven years ago—my girlfriend had just broken up with me three days before New Year's— and my grandmother was trying to get me to think about something else. She suggested we do something together. Whatever each of us felt like. I drew. She sewed. It was very consoling.

I THINK THAT'S SUCH A BEAUTIFUL STORY, ONE THAT EMPHASIZES HOW PRIVATE, HOW VERY PERSONAL, YOUR WORK IS. YOU HAVE A CLOSE RELATIONSHIP WITH YOUR FAMILY, BUT ALSO WITH YOUR FRIENDS AND COLLECTORS, SEVEN OF WHOM I HAVE INTERVIEWED ABOUT YOUR WORK. I'M ESPECIALLY INTERESTED IN THEIR PRIVATE RELATIONSHIP TO YOUR WORK: HOW IT IS TO LIVE WITH YOUR PICTURES. YOU SAID YOU WOULD BE WILLING TO PHOTOGRAPH YOUR COLLECTORS FOR THIS PUBLICATION. WHAT IS YOUR GENERAL STANCE TOWARDS PHOTOGRAPHY?

A photograph, a film, a book: any one of these can suddenly awaken an inner picture. That's frequently how a painting comes into being. The model becomes the orientation. It serves as the foothold from which I can then move away. Photographs are always a big help in remembering how a person or a situation looked. A kind of extension of memory. Above all, photography helps in catching shadow, since shadows are constantly changing. But, for filling those moments in time with the tide of life—for that, there's nothing like the wonderful fluidity of painting.

VERY WELL EXPRESSED. SHALL WE END THERE?

NO.

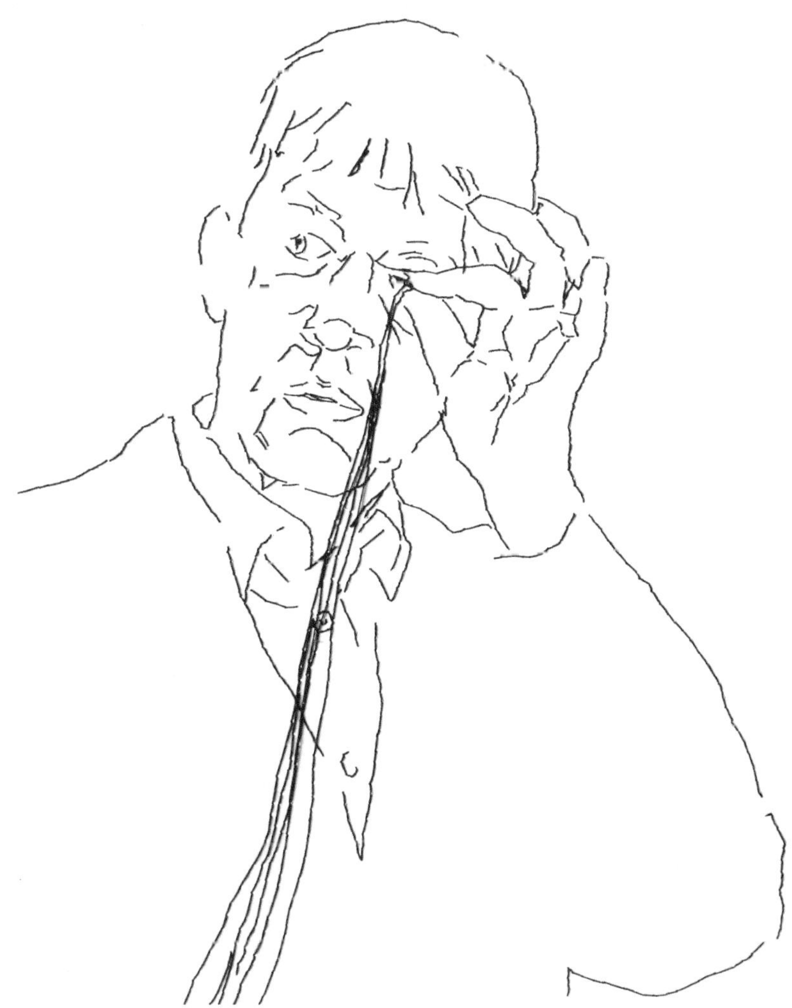

Mit der schrecklichen Geschichte, dass bei dem Rücktransport der Ausstellung Ende September 2001 aus der Transportkiste zwischen den Bildern weiße Asche herausfiel. Die Galerie von Monique Goldstrom lag nicht weit vom Ground Zero entfernt. Kurz darauf starb meine Galeristin. Ich wollte erst einmal nicht mehr nach New York.

KANN ICH GUT VERSTEHEN...
ZURÜCK ZU LOUISE BOURGEOIS: IN IHRER SAMMLUNG VON WERKEN BEFREUNDETER KOLLEGEN HÄNGT VON IHR, NEBEN BILDERN VON VALÉRIE FAVRE, CORNELIA SCHLEIME UND ELISABETH PEYTON, EINE SCHÖNE RADIERUNG. EIN KIND, DAS SEINEN FUSS IN DEN MUND NIMMT.

Und dabei entdeckt wird. Die Veräußerung einer sehr intimen Szene. Sehr persönlich, finde ich. In ihrem Werk steckt hundertprozentig sie. Mit ihrer Leidenschaft und ihrer unglaublichen Wut, die sie am Leben hält und Schaffen lässt. Sie wird ja demnächst 100.

UND IHRE GROSSMUTTER BALD 90. WOHL AUCH EINE BEMERKENSWERTE ÄLTERE DAME, DIE EINE WICHTIGE ROLLE IN IHREM LEBEN SPIELT. SIE HABEN MIT IHR GEMEISAM EINE REIHE VON WERKEN GESCHAFFEN, BEI DENEN IHRE GROSSMUTTER IHRE ZEICHNUNGEN VON HAND NACHNÄHT, DIE SOGENANNTEN NÄHZEICHNUNGEN.

Ja. Damit fingen wir in Teneriffa an, wo ich meine Großeltern im Winter immer für ein paar Wochen besuche. Vor sieben Jahren - ich wurde drei Tage vor Silvester von meiner damaligen Freundin auf der Insel verlassen - wollte meine Großmutter mich auf andere Gedanken bringen und schlug mir vor, doch etwas gemeinsam zu machen. Jeder das, wozu er Lust hat. Ich zeichnete. Sie nähte. Das hat mich sehr getröstet.

ICH FINDE, DAS IST EINE SEHR SCHÖNE GESCHICHTE, DIE DAS PRIVATE, DAS SEHR PERSÖNLICHE IN IHRER ARBEIT UNTERSTREICHT. SIE HABEN EINE ENGE BEZIEHUNG ZU IHRER FAMILIE, ABER AUCH ZU IHREN FREUNDEN UND SAMMLERN, VON DENEN ICH SIEBEN ZU IHNEN UND IHRER ARBEIT BEFRAGT HABE. MICH HAT DABEI BESONDERS DER PRIVATE UMGANG MIT IHRER KUNST INTERESSIERT, DAS LEBEN MIT IHREN BILDERN. SIE HABEN SICH BEREIT ERKLÄRT, FÜR DIESE PUBLIKATION IHRE SAMMLER ZU FOTOGRAFIEREN. WIE STEHEN SIE ZUR FOTOGRAFIE GENERELL?

Ein Foto, ein Film oder ein Buch kann bei mir plötzlich ein inneres Bild wachrufen. Das ist oft der Anfang für die Malerei. Die Vorlage wird zur Orientierung. Sie dient als Halt, damit ich mich von ihr wieder entfernen kann. Fotos sind mir immer eine große Hilfe, wenn ich mich erinnern will, wie ein Mensch oder eine Situation ausgesehen hat. Eine Art Gedächtniserweiterung. Vor allem hilft die Fotografie beim Einfangen der Schatten, denn die wandern ja ständig. Das Aus-dem-Leben-Gegriffene dem Fluss des Lebens zurückzugeben, das kann am besten die fließende Malerei.

SCHÖN GESAGT.
WOLLEN WIR DAMIT ENDEN?

NEIN.

BLUEBERRY CYCLE

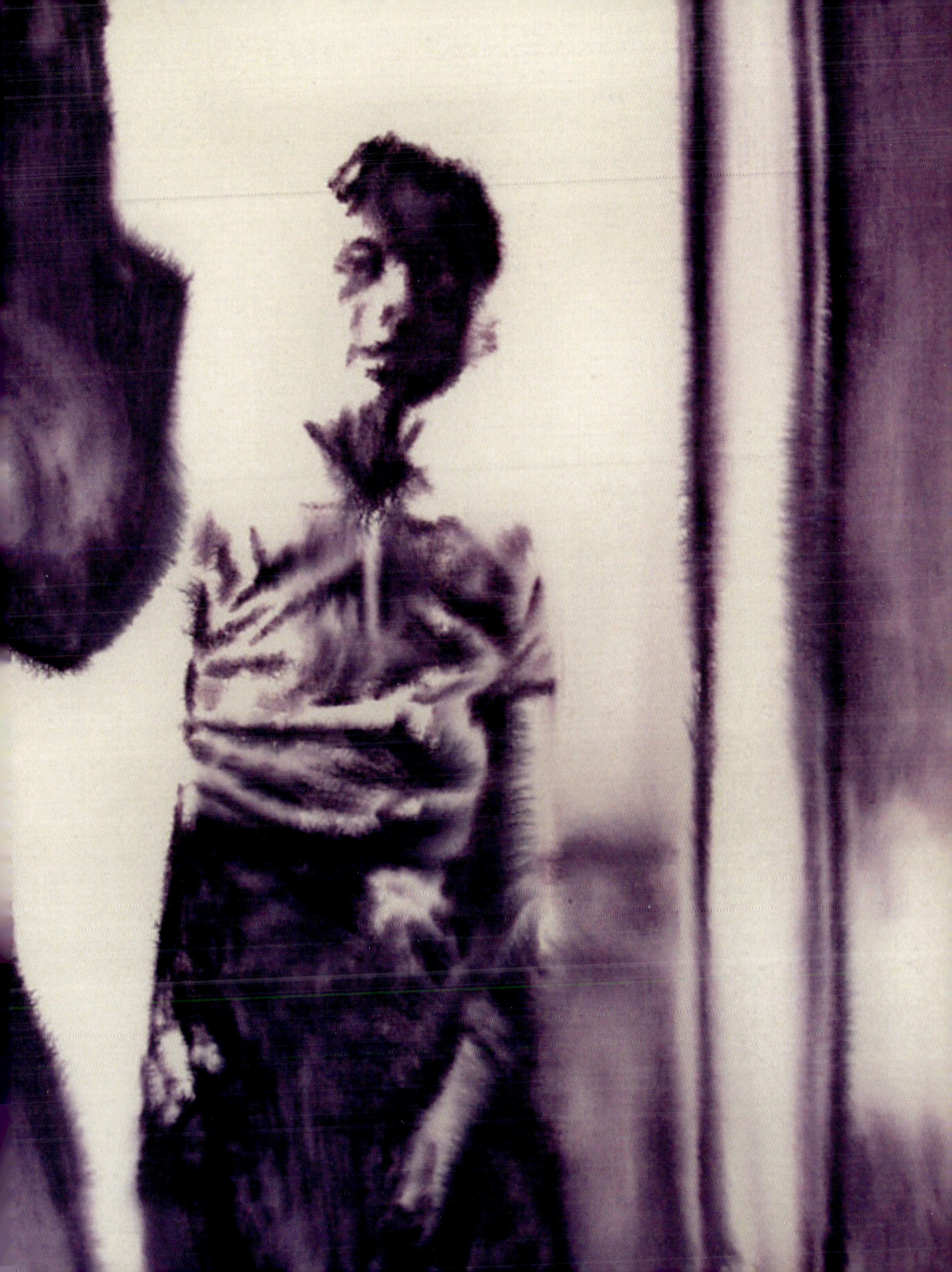

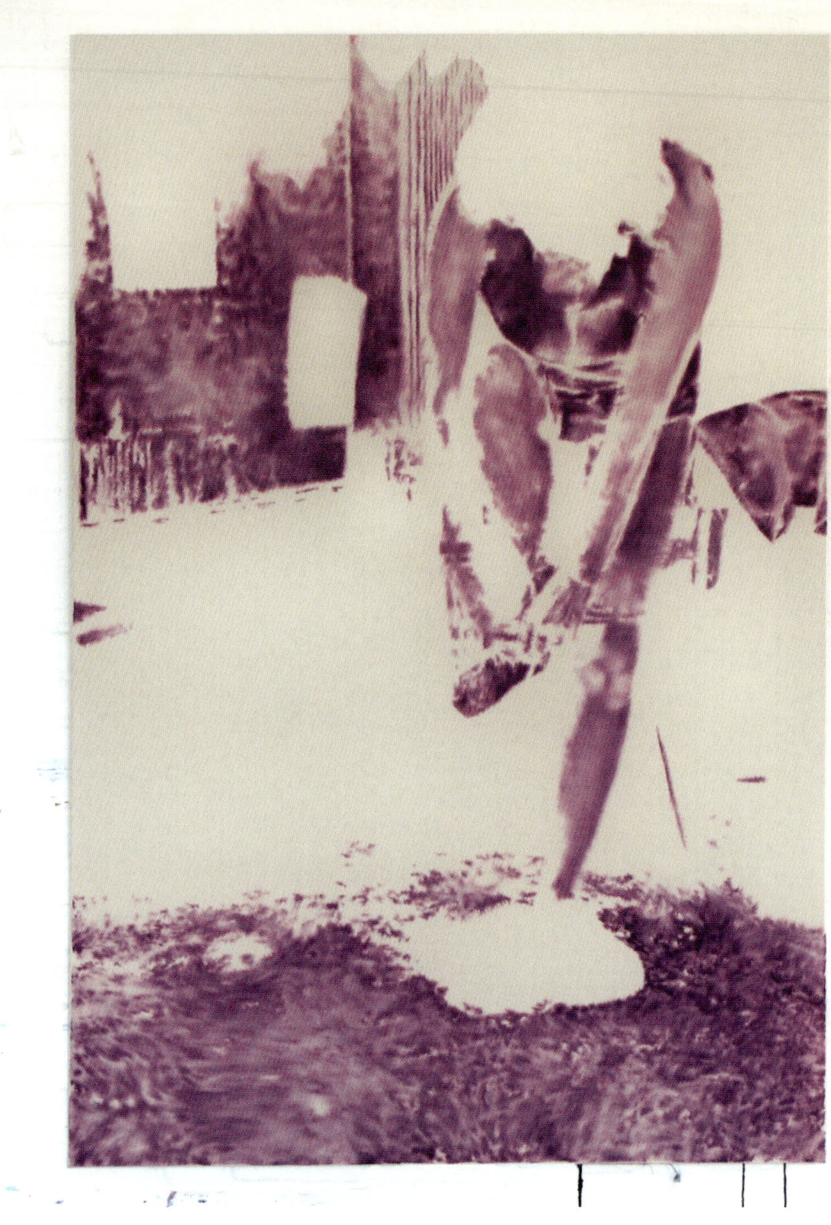

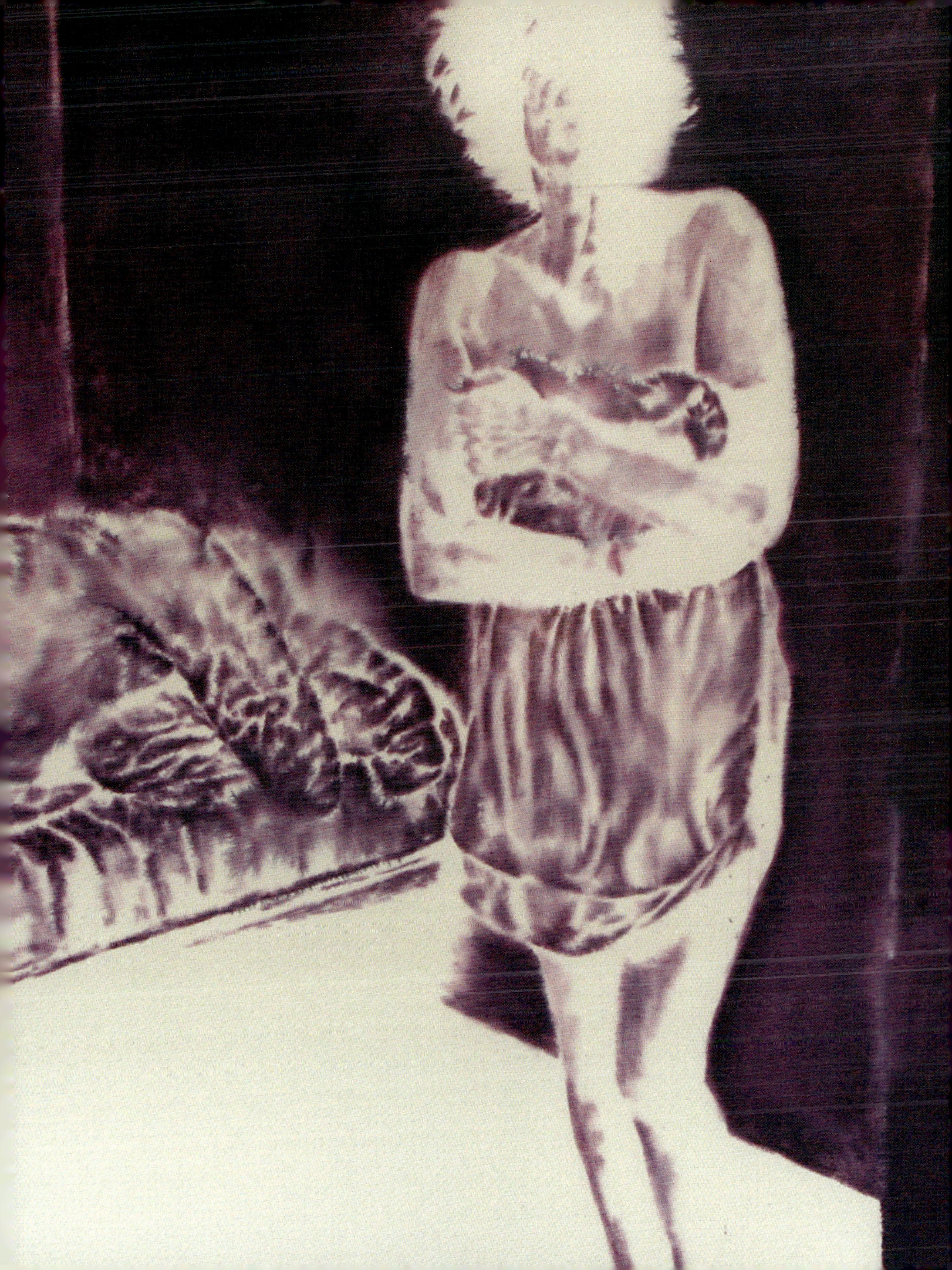

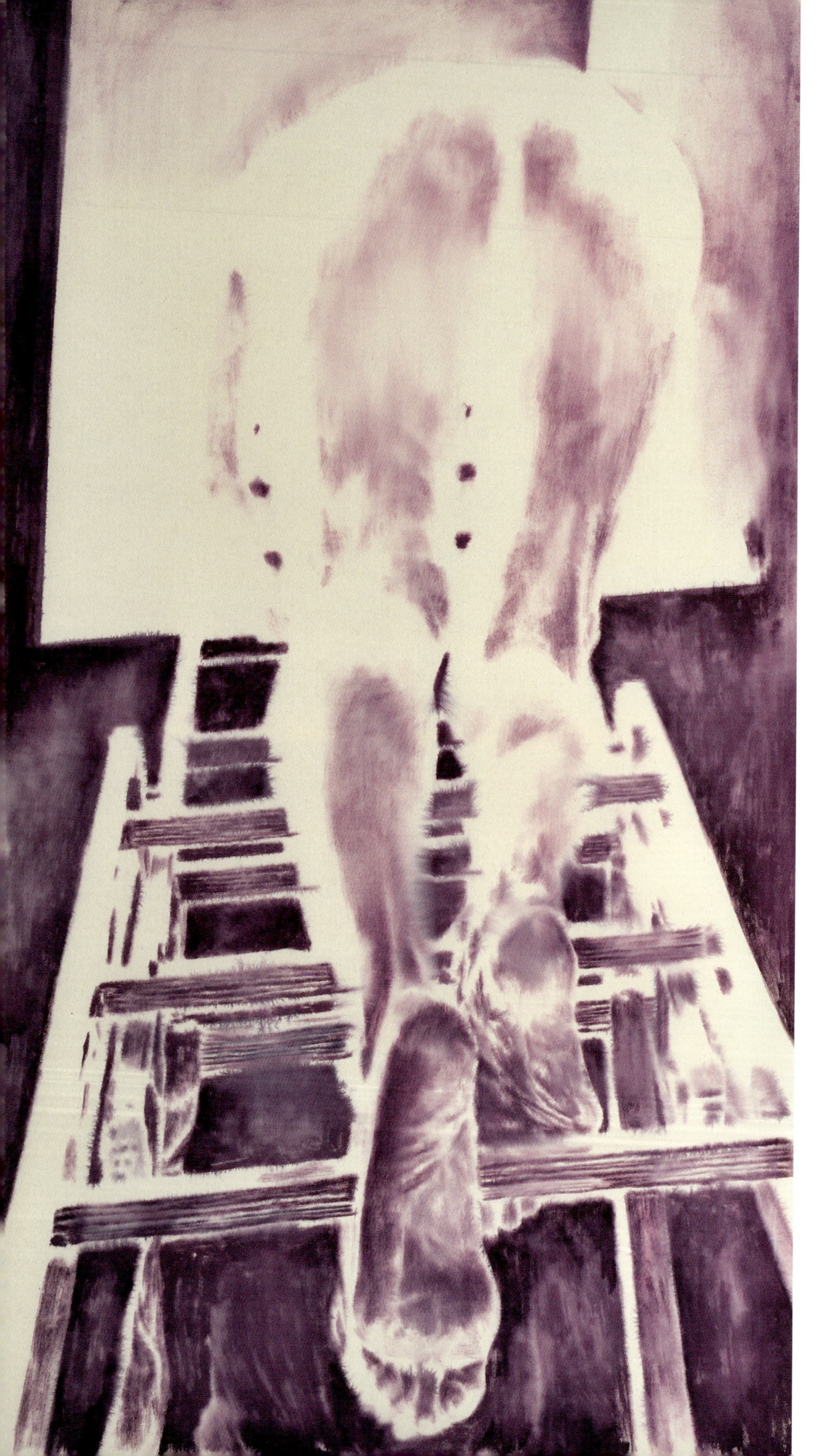

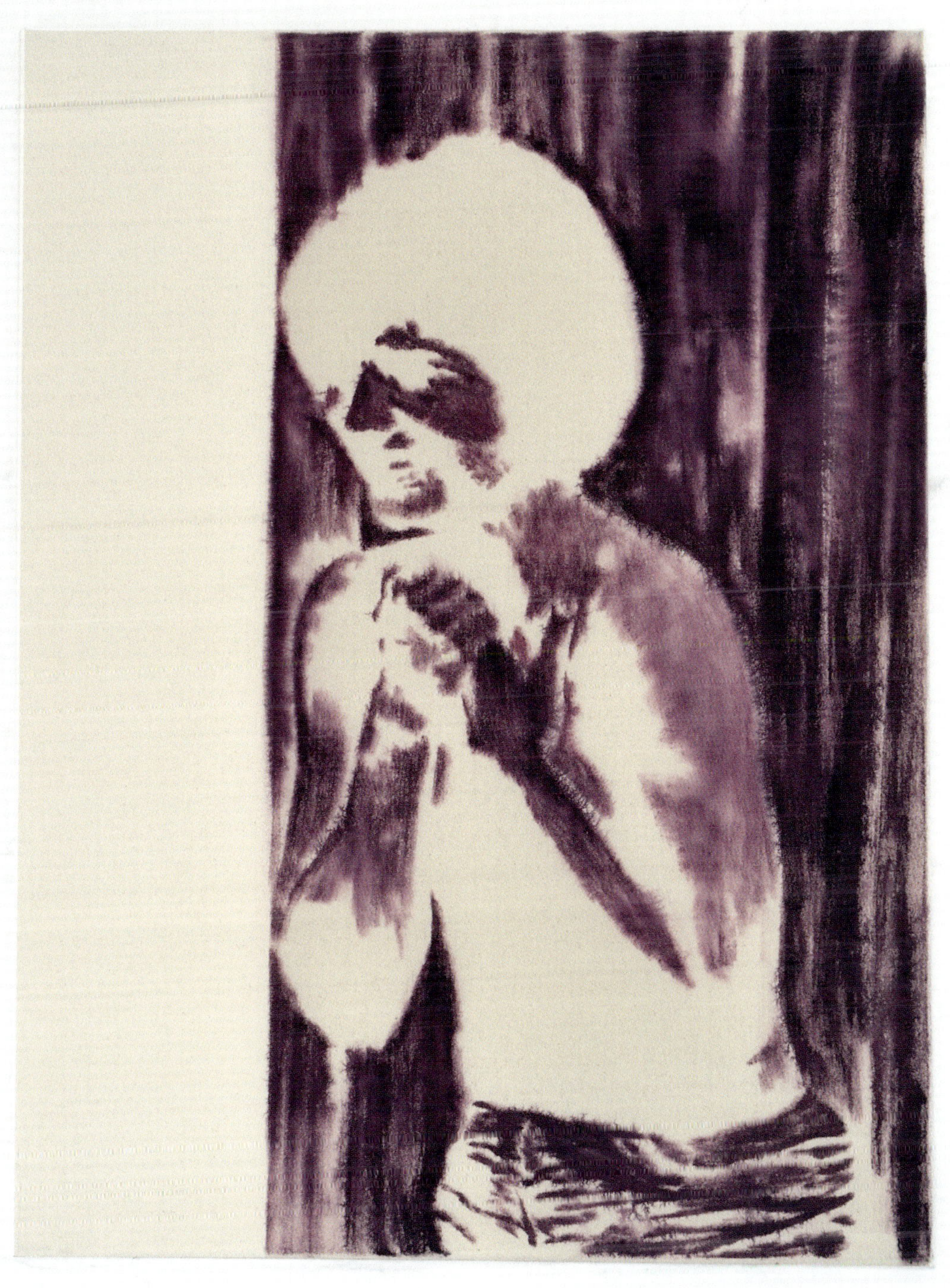

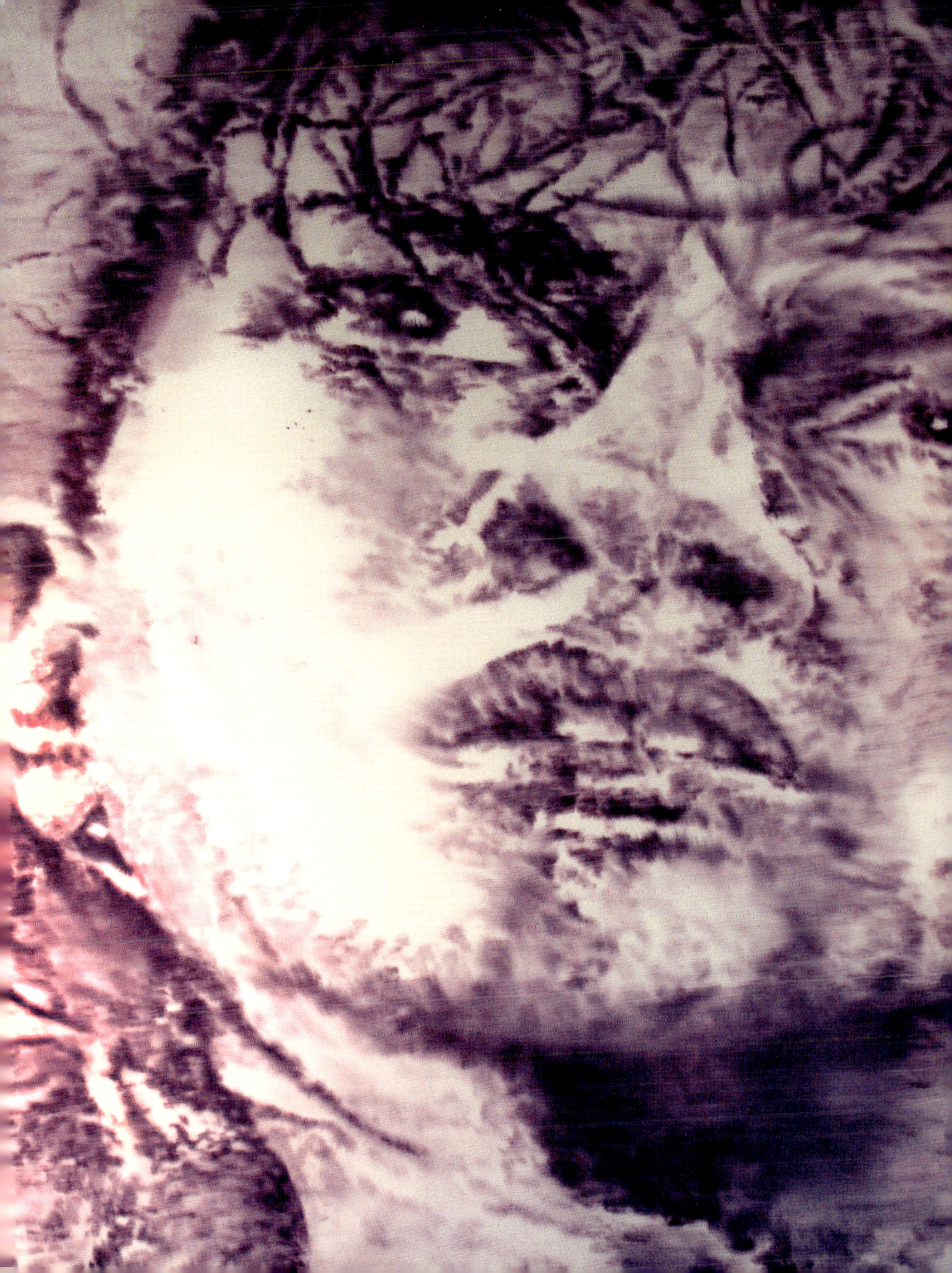

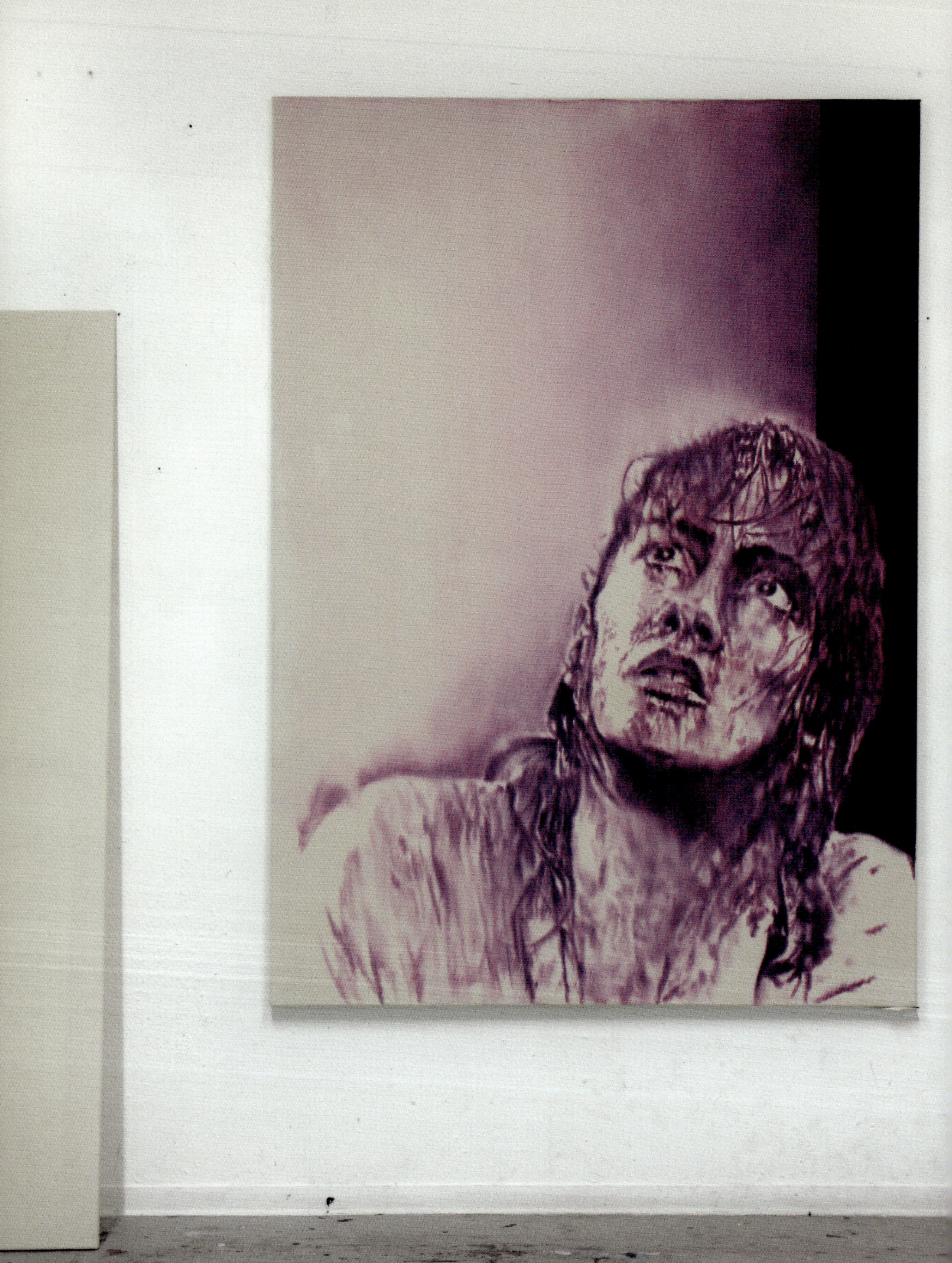

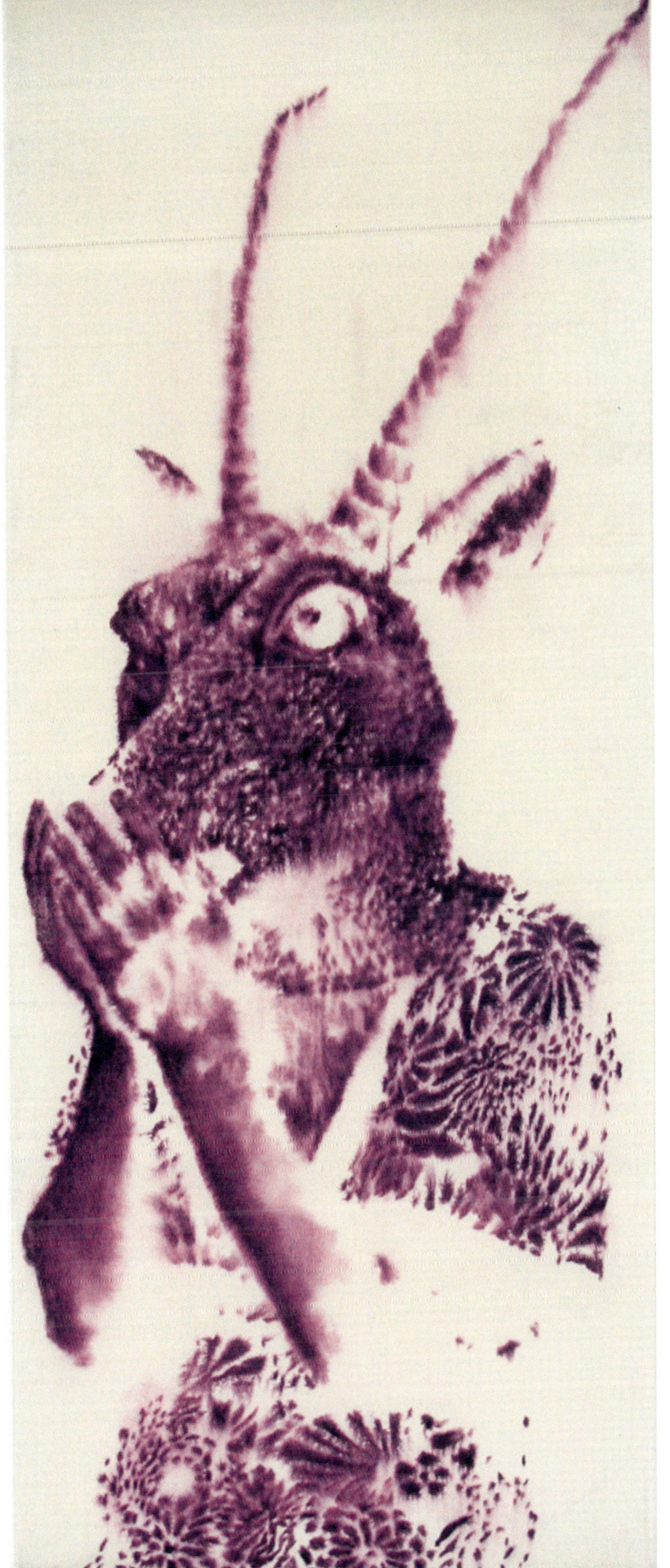

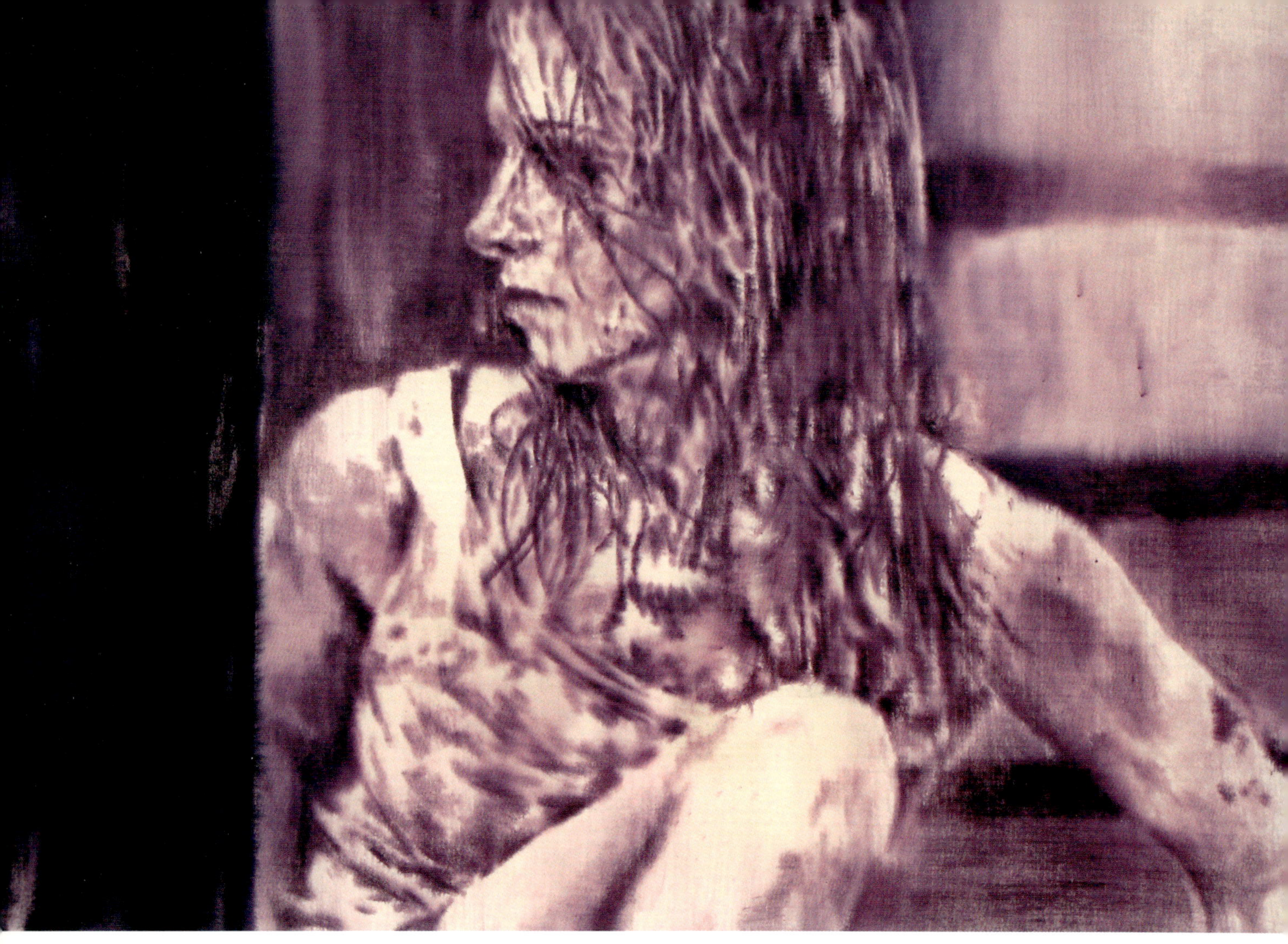

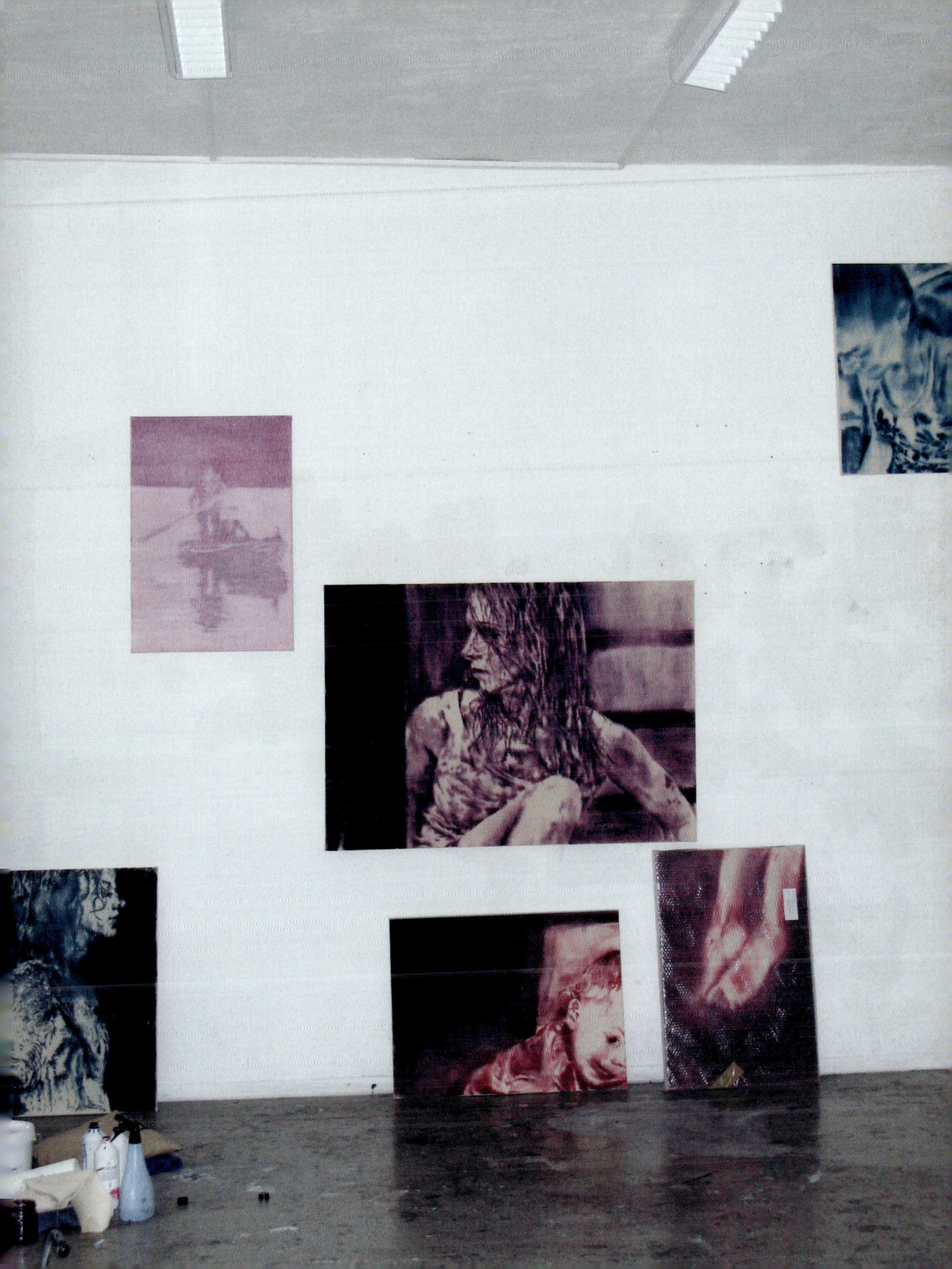

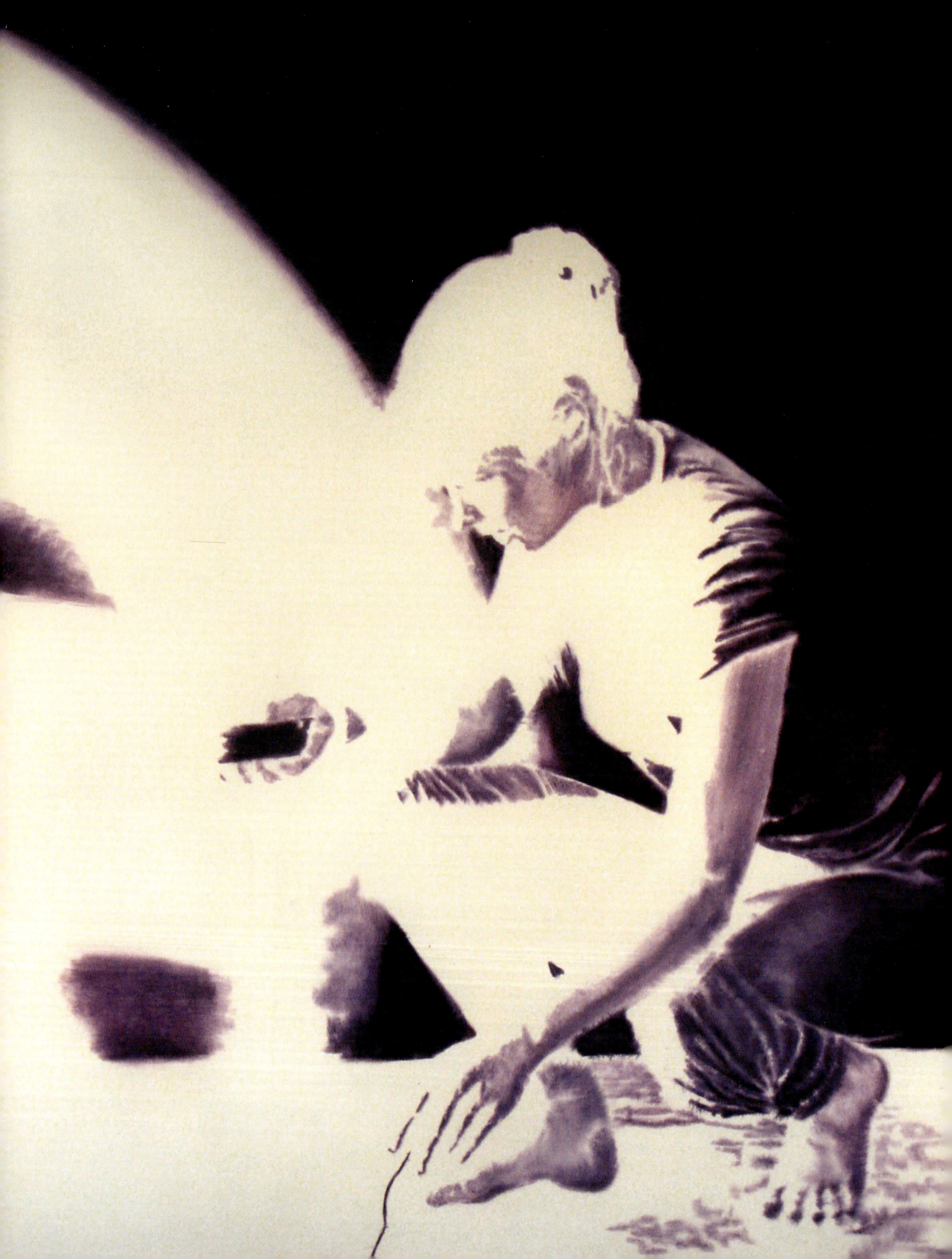

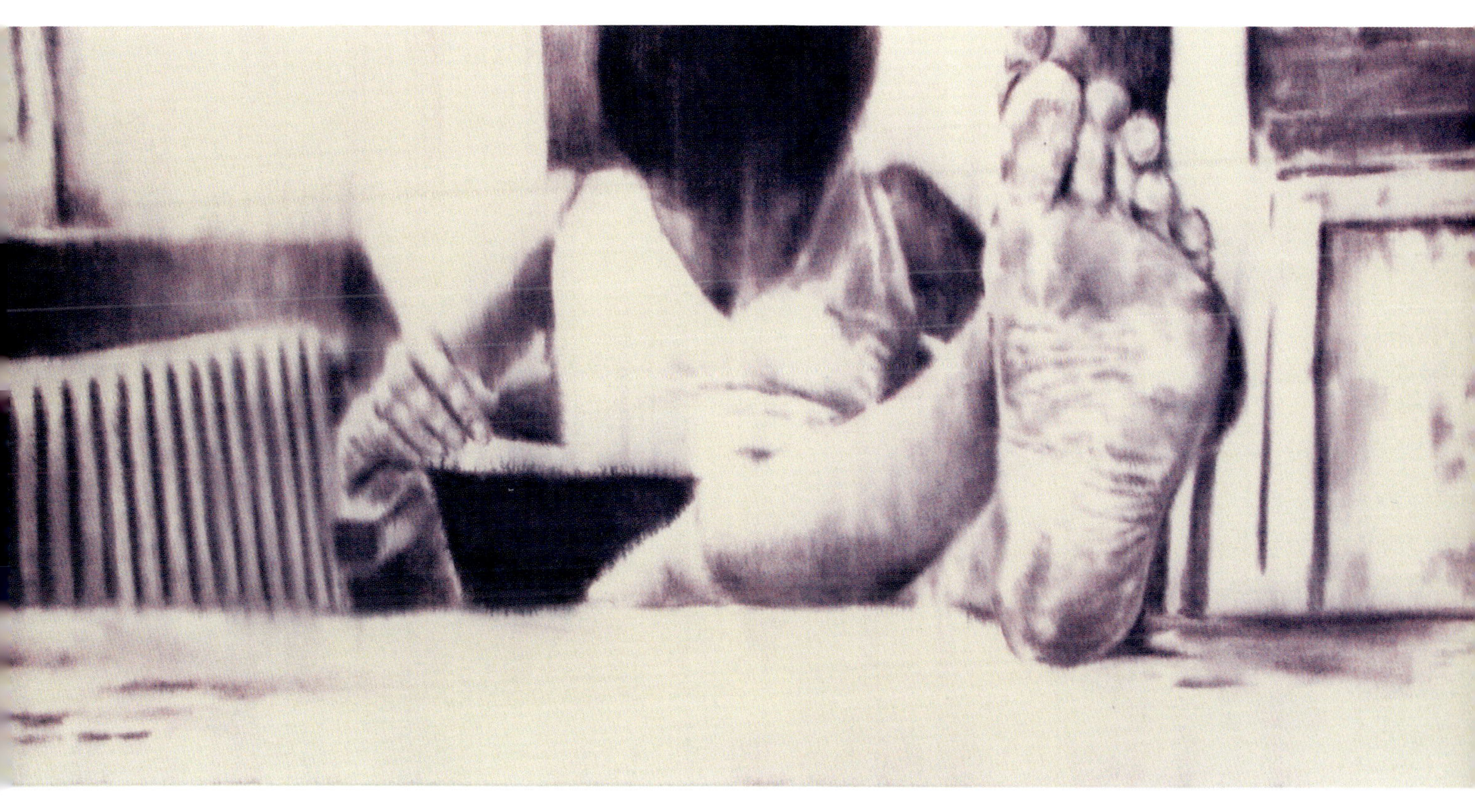

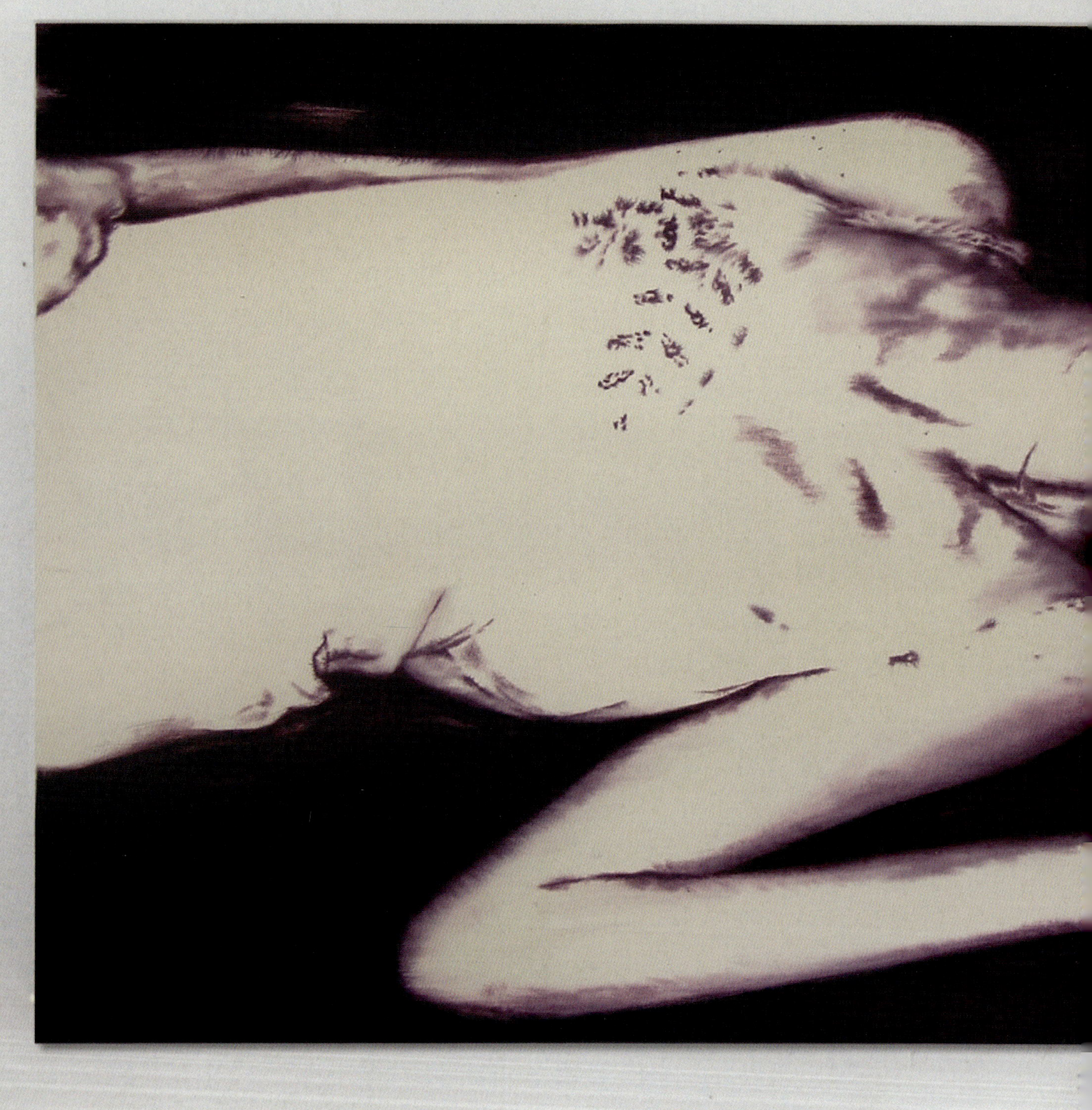

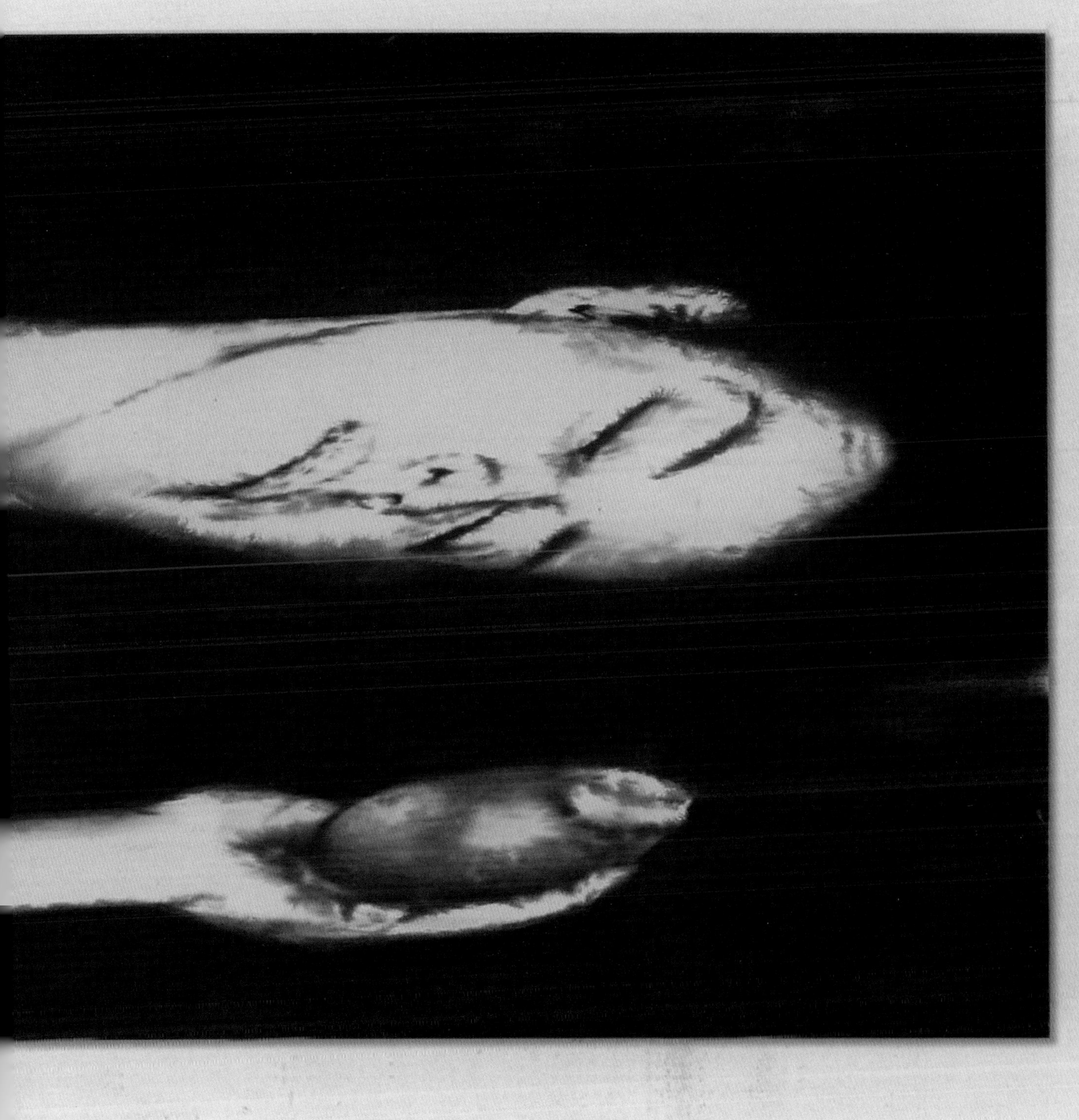

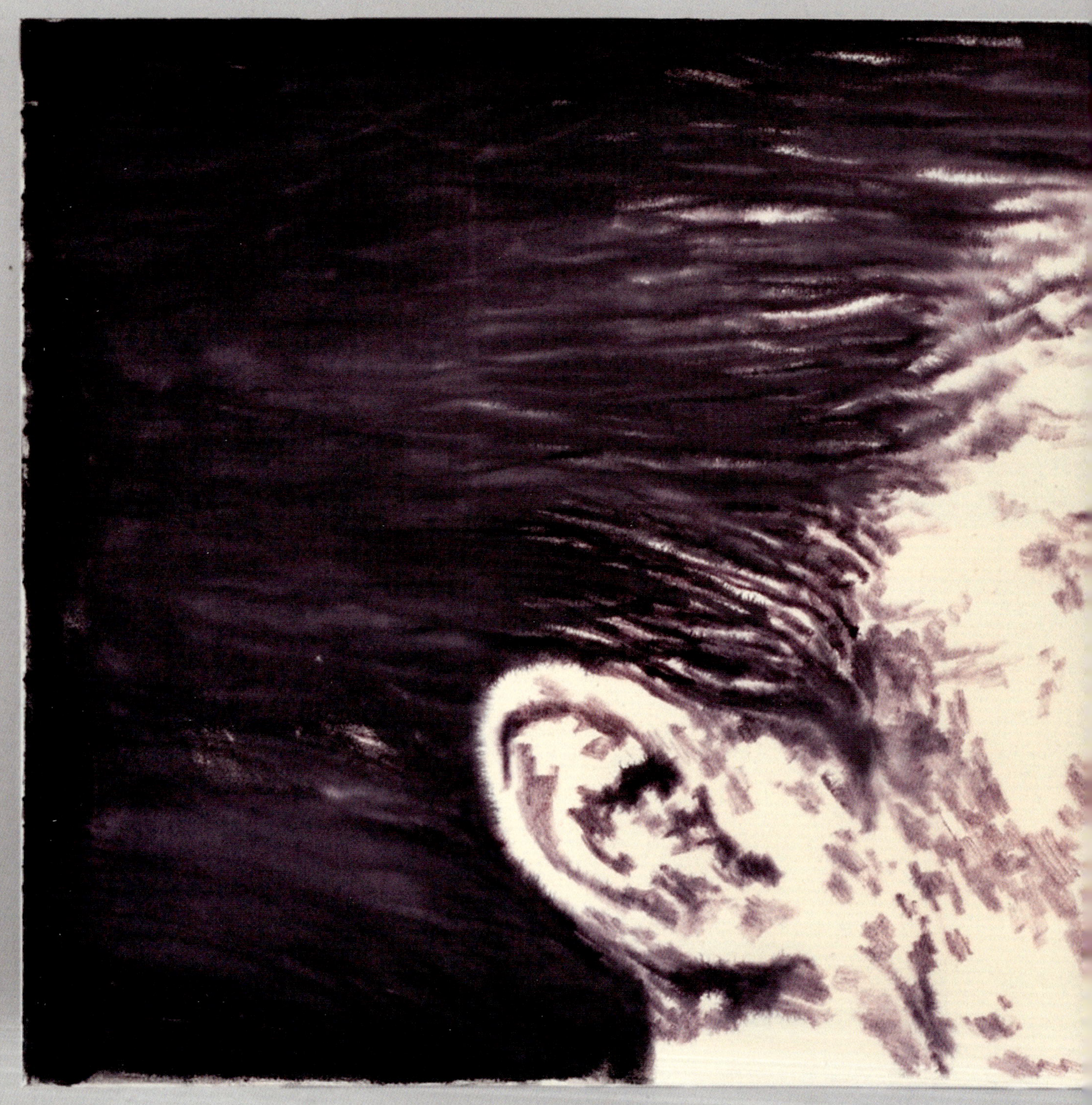

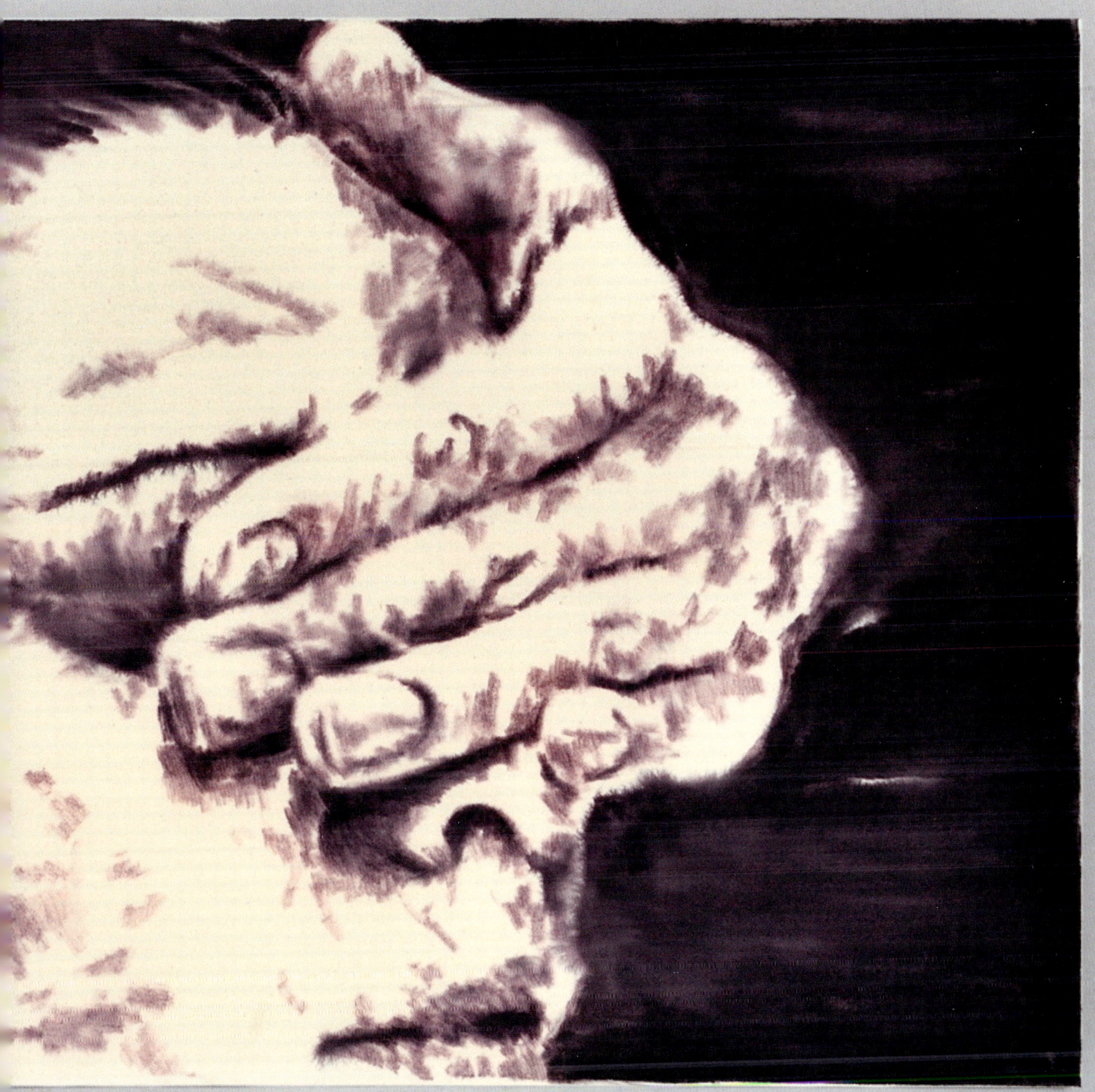

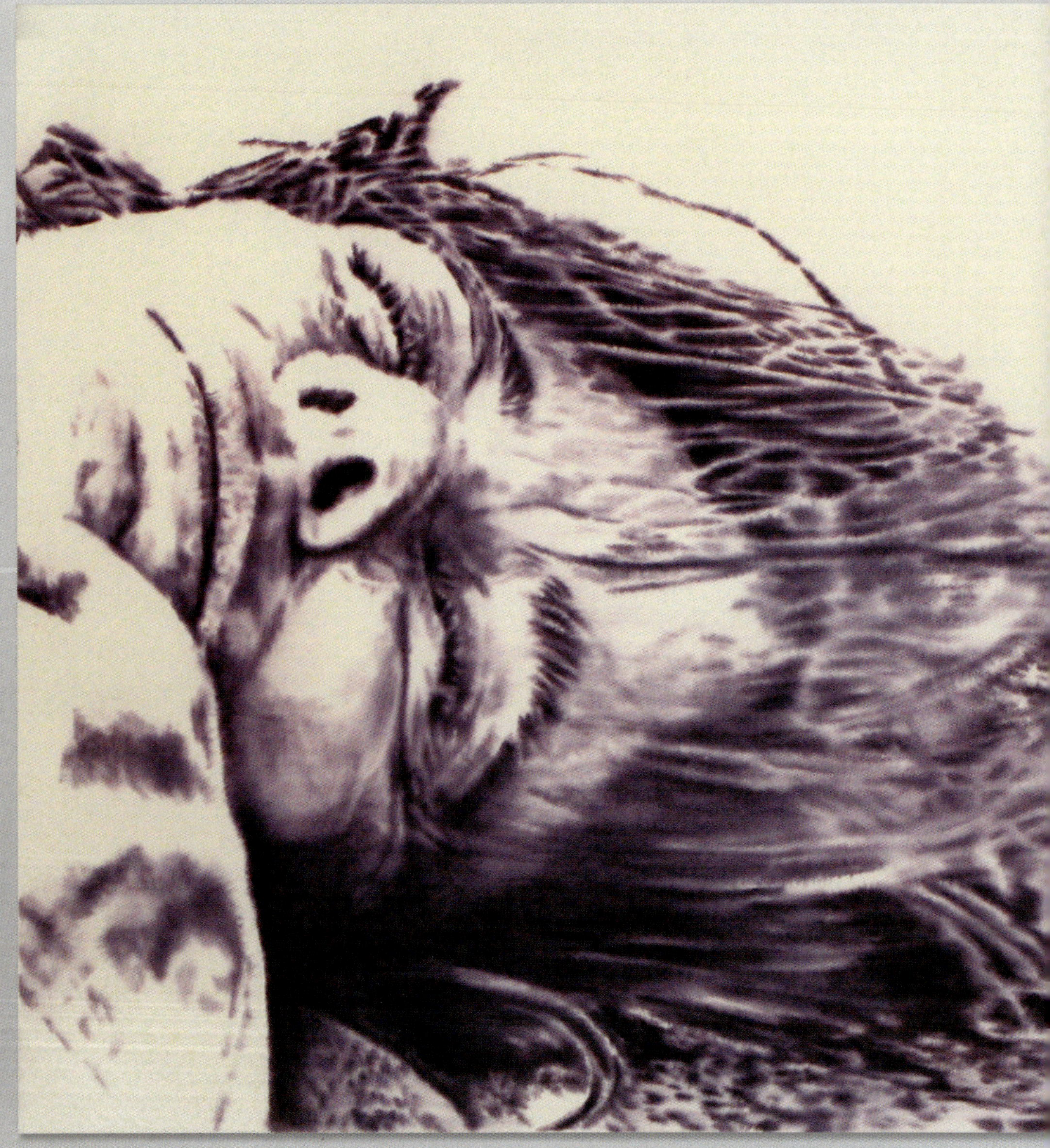

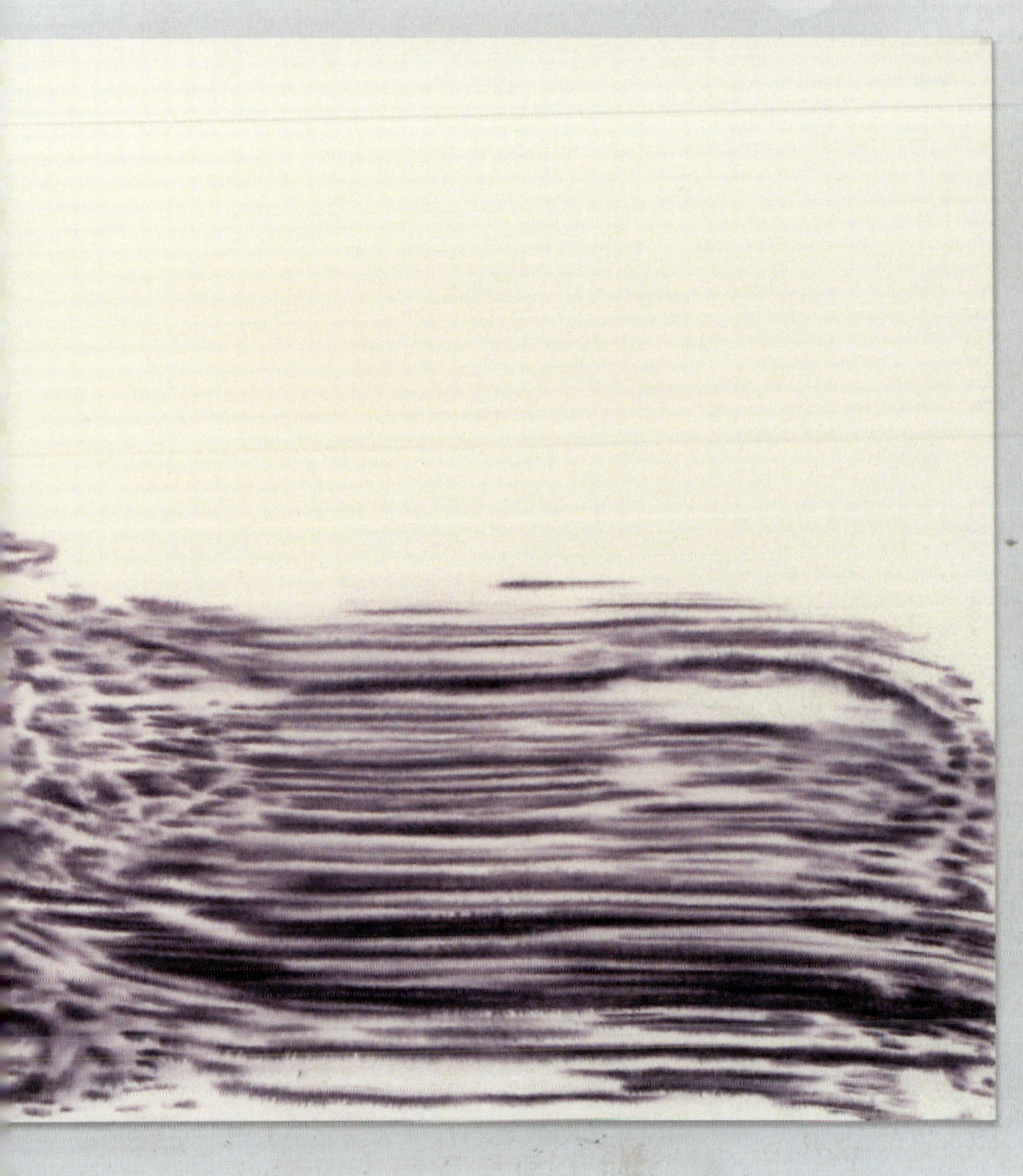

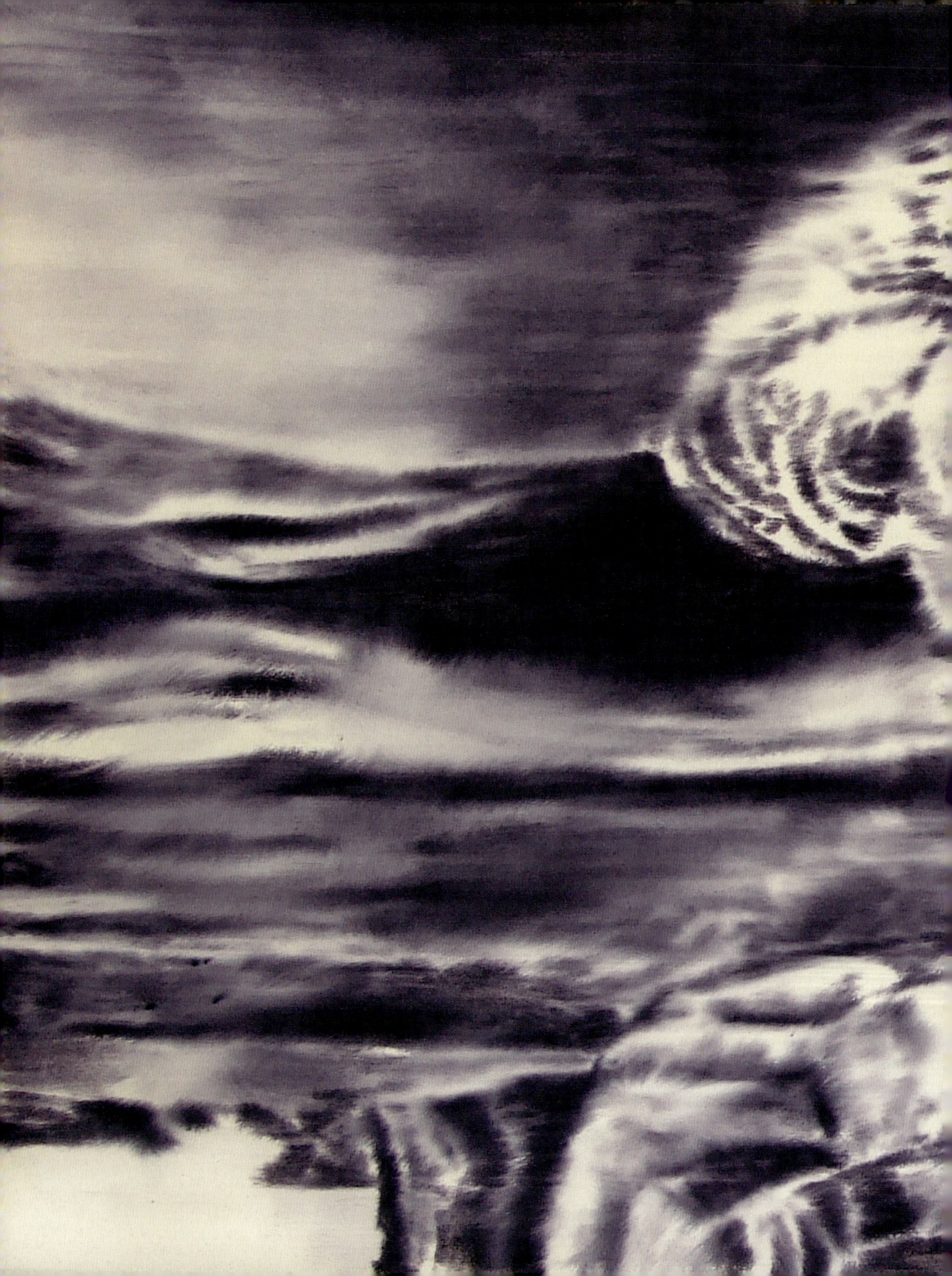

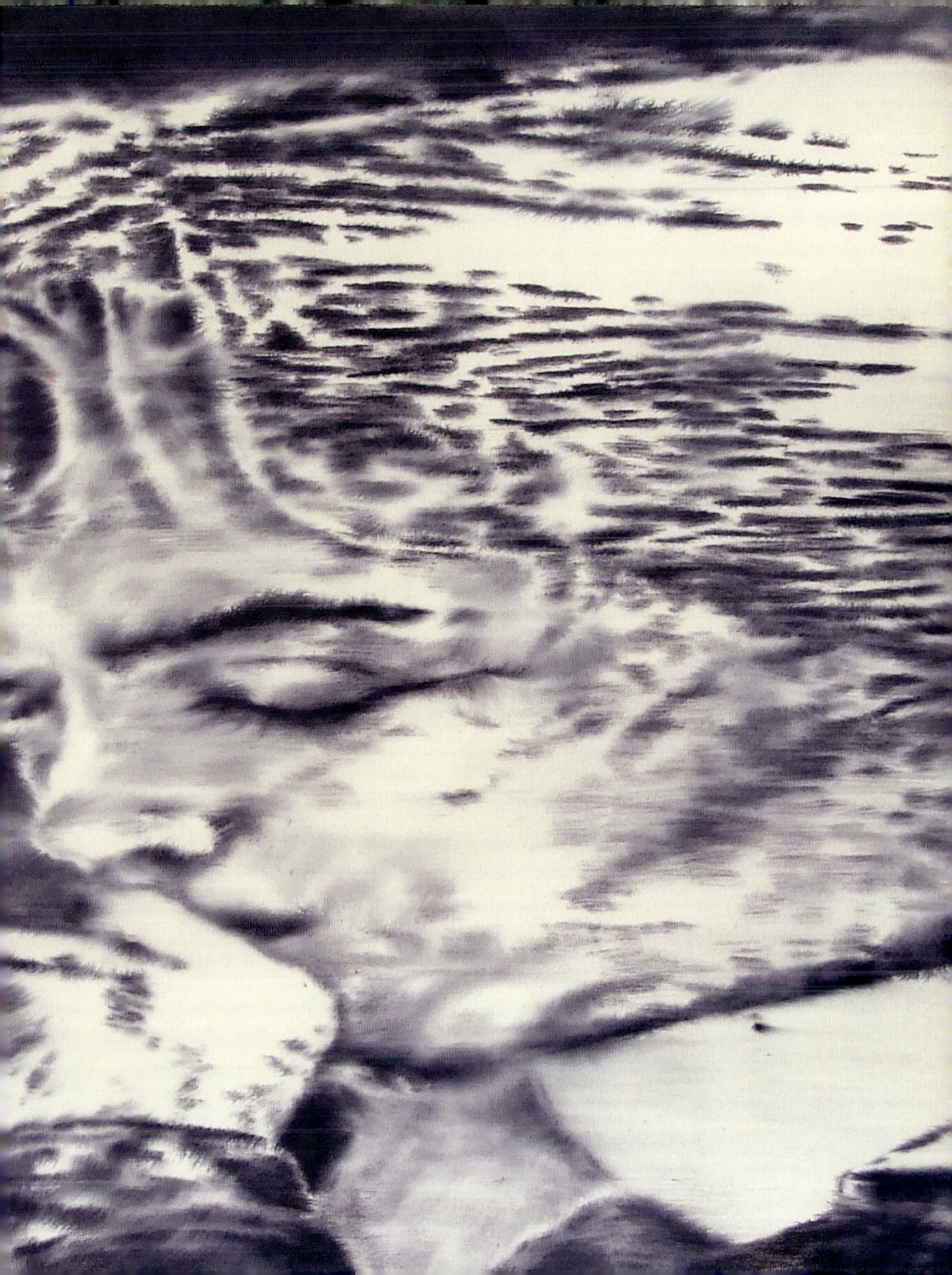

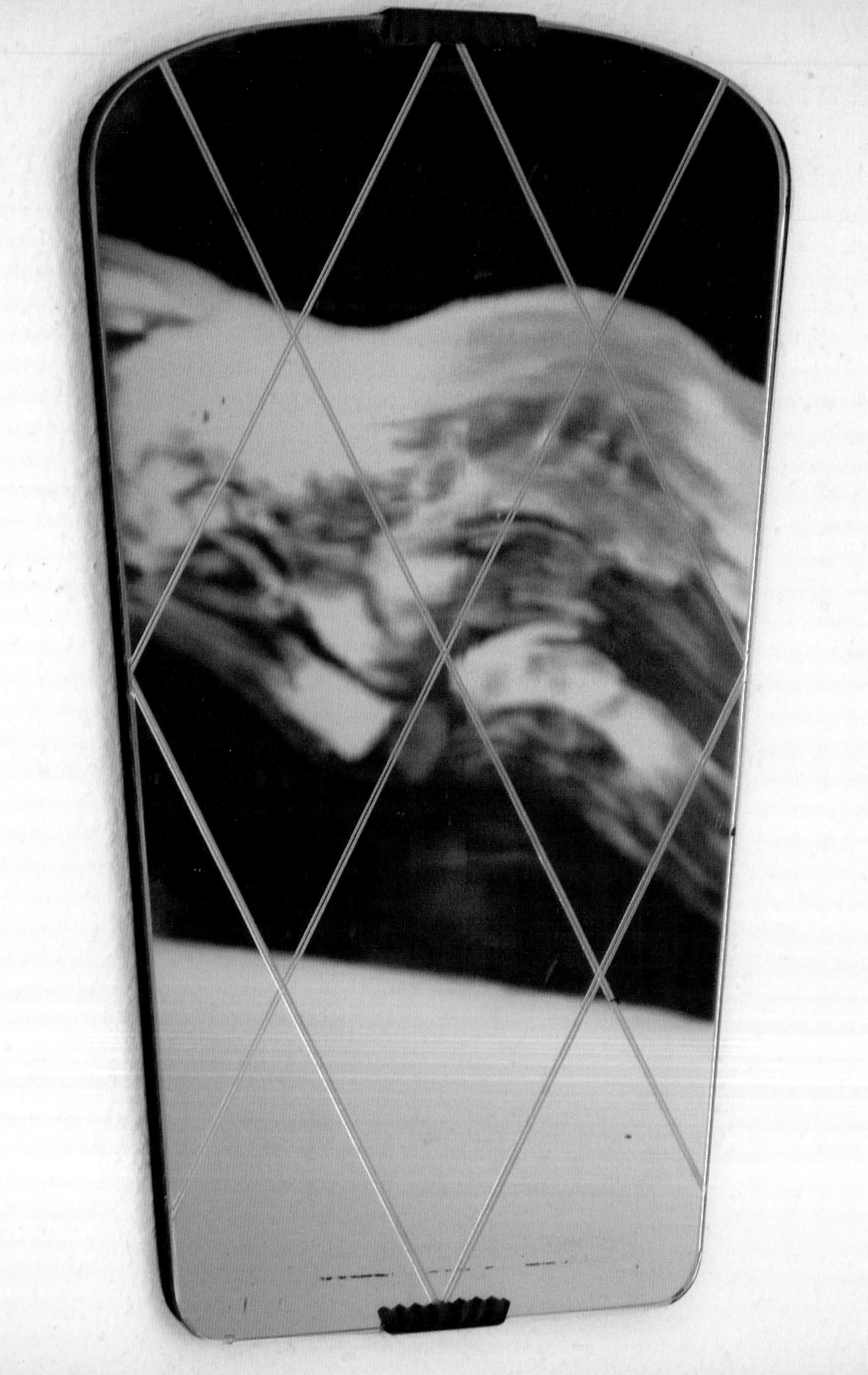

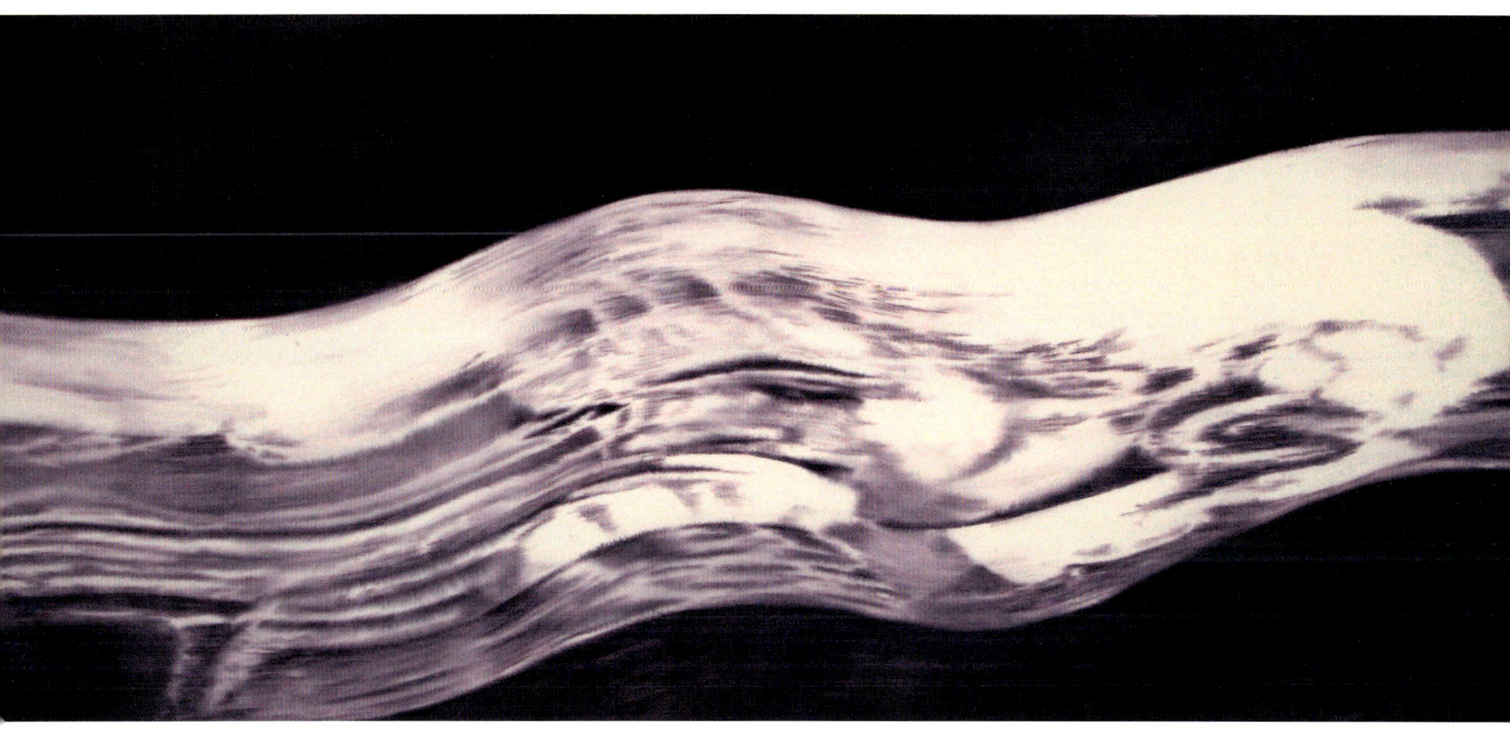

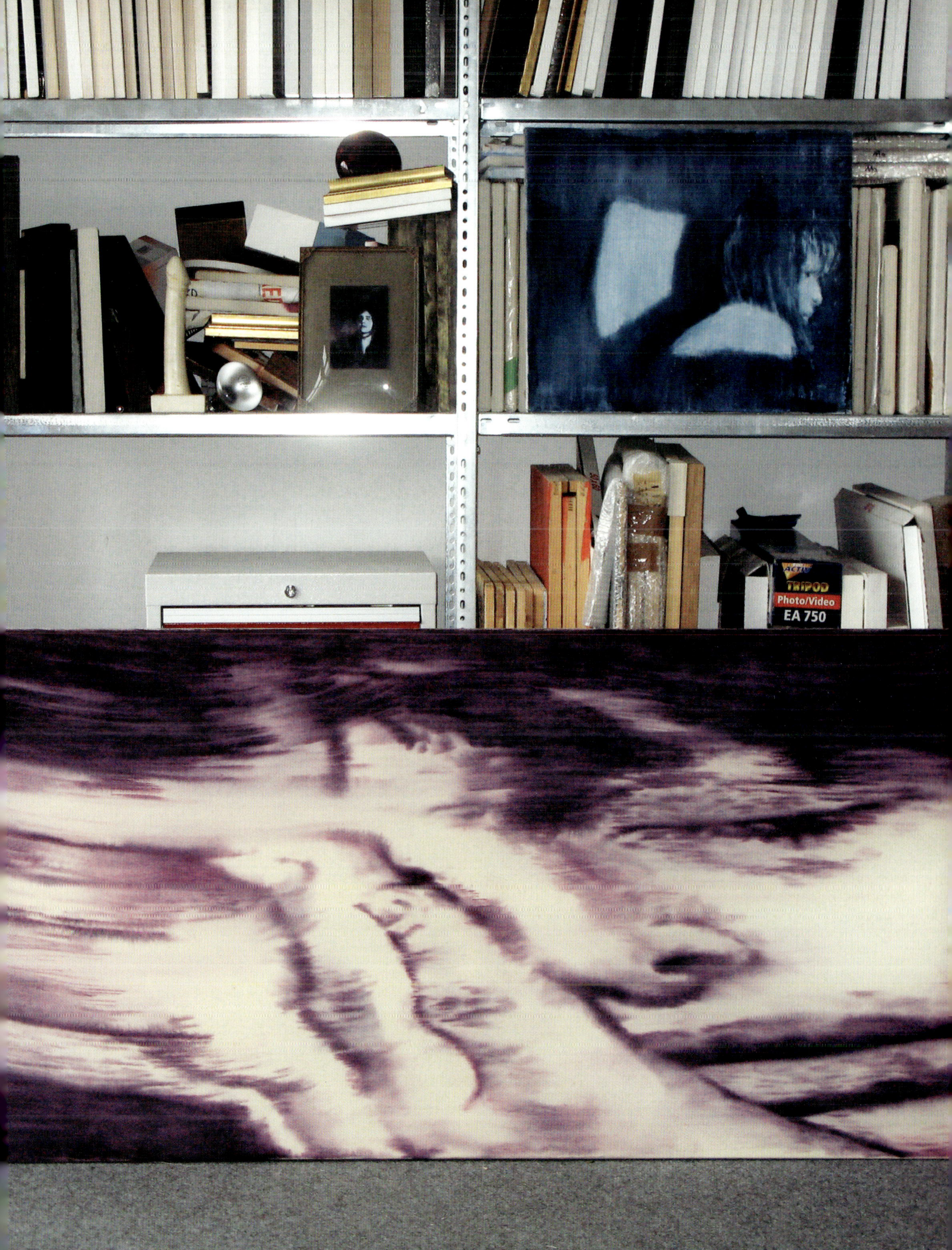

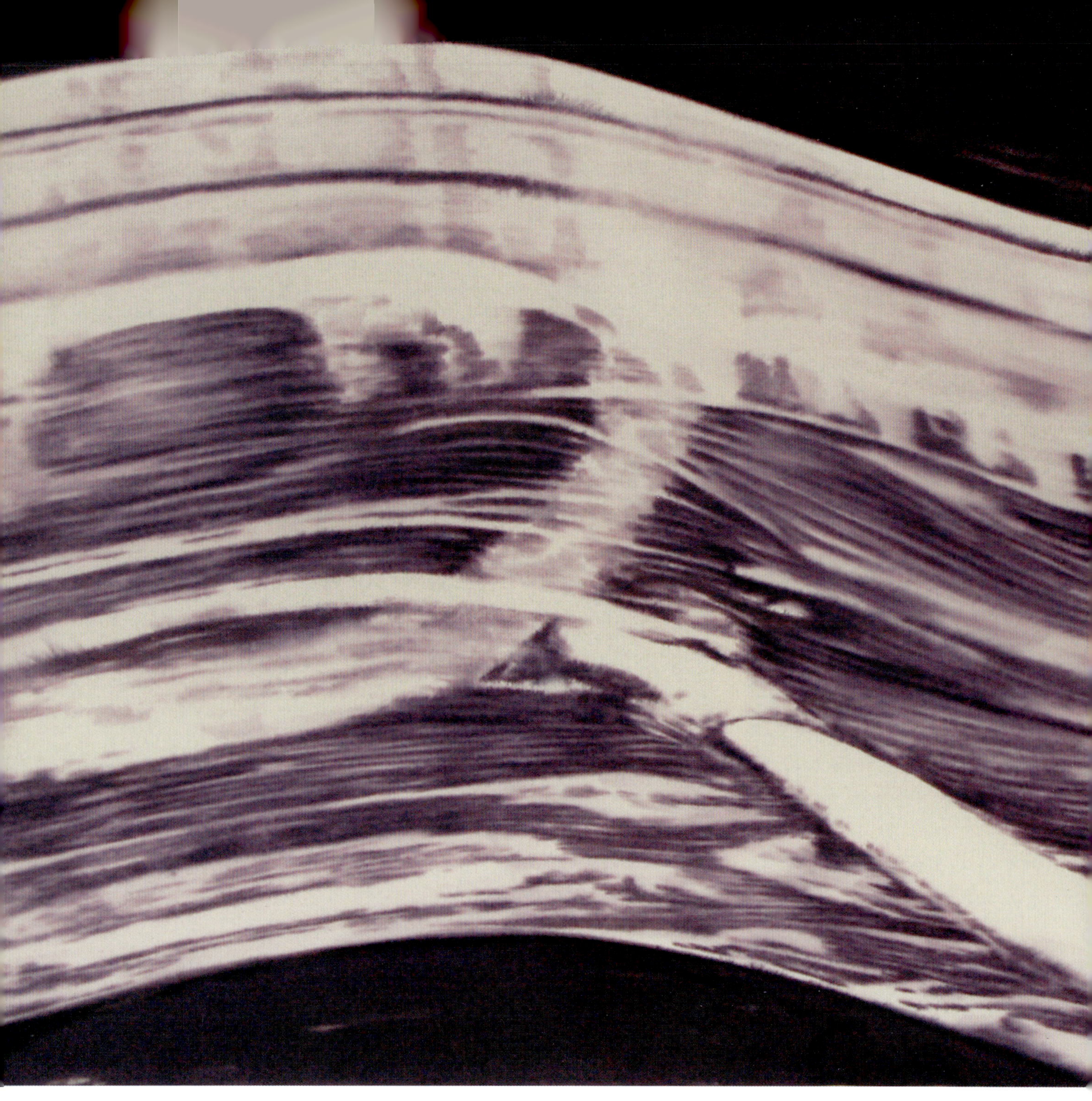

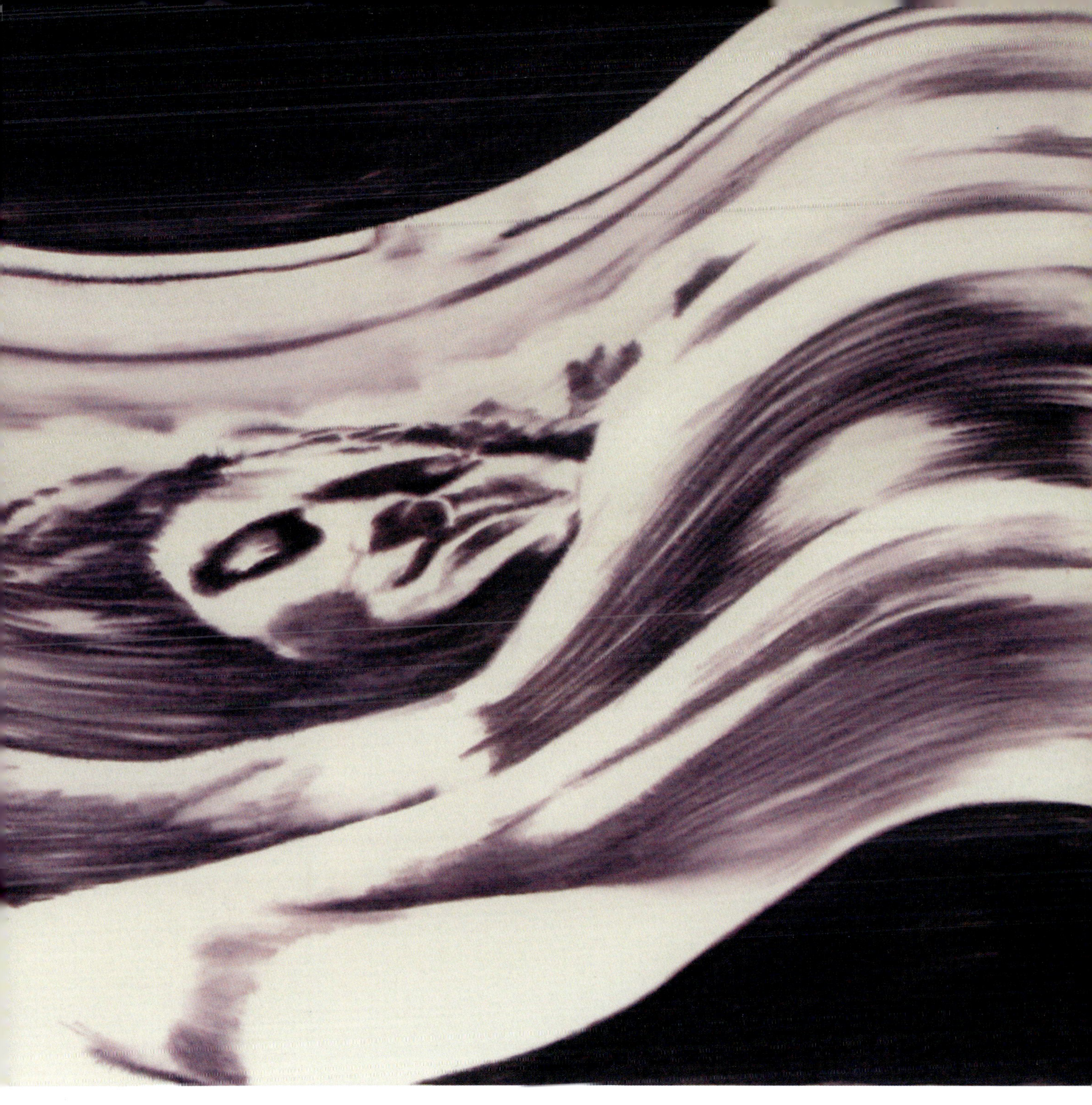

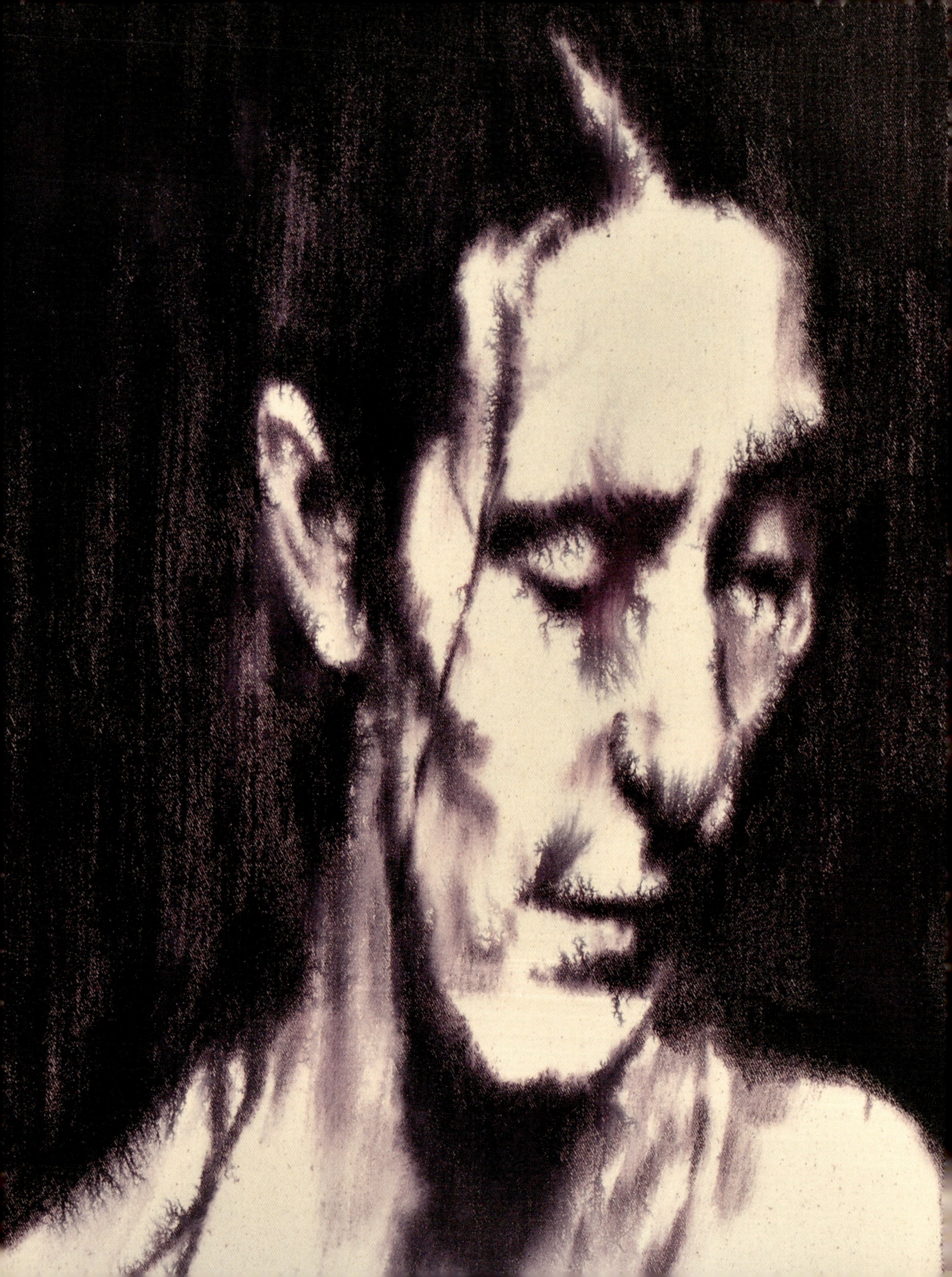

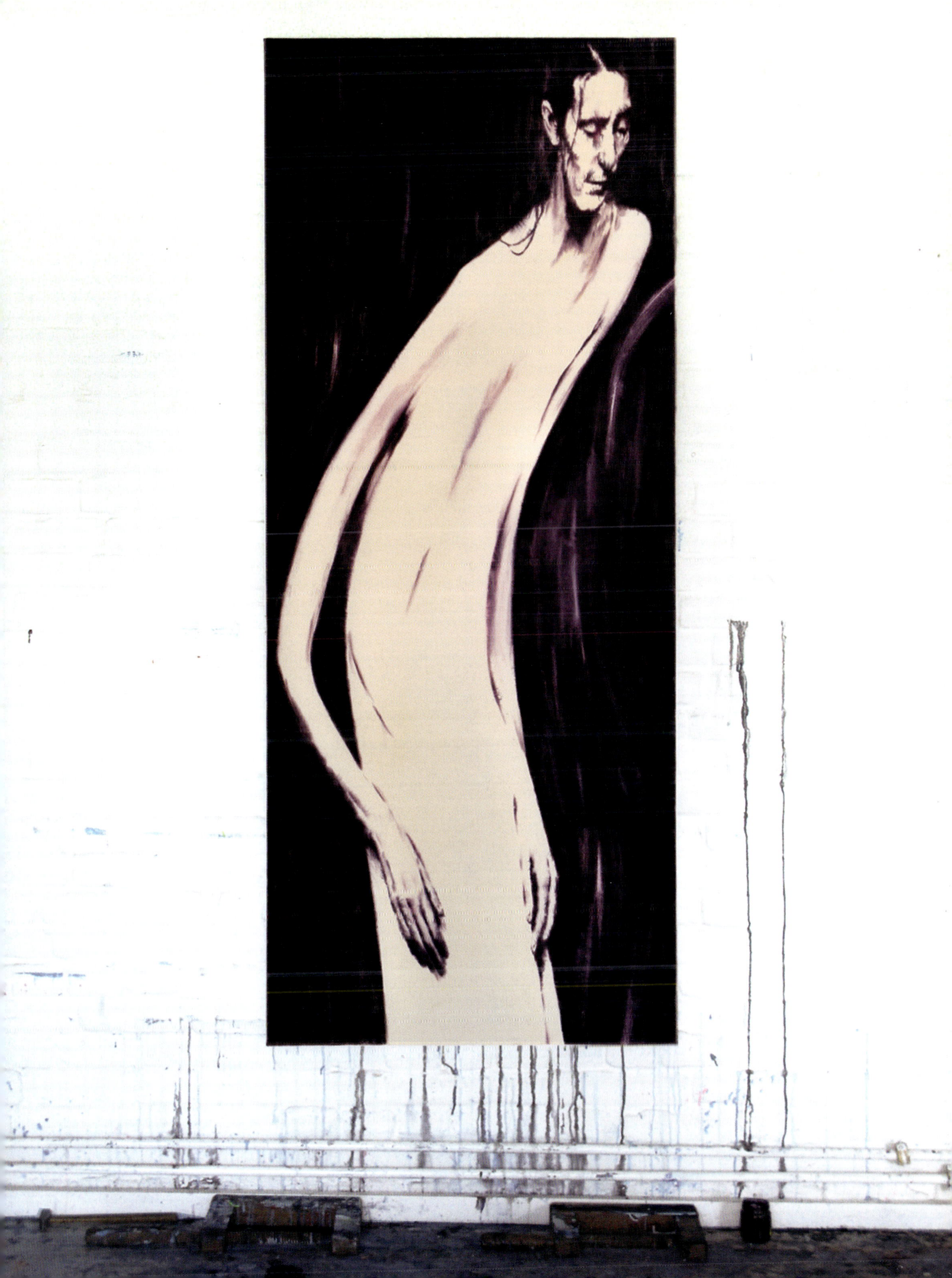

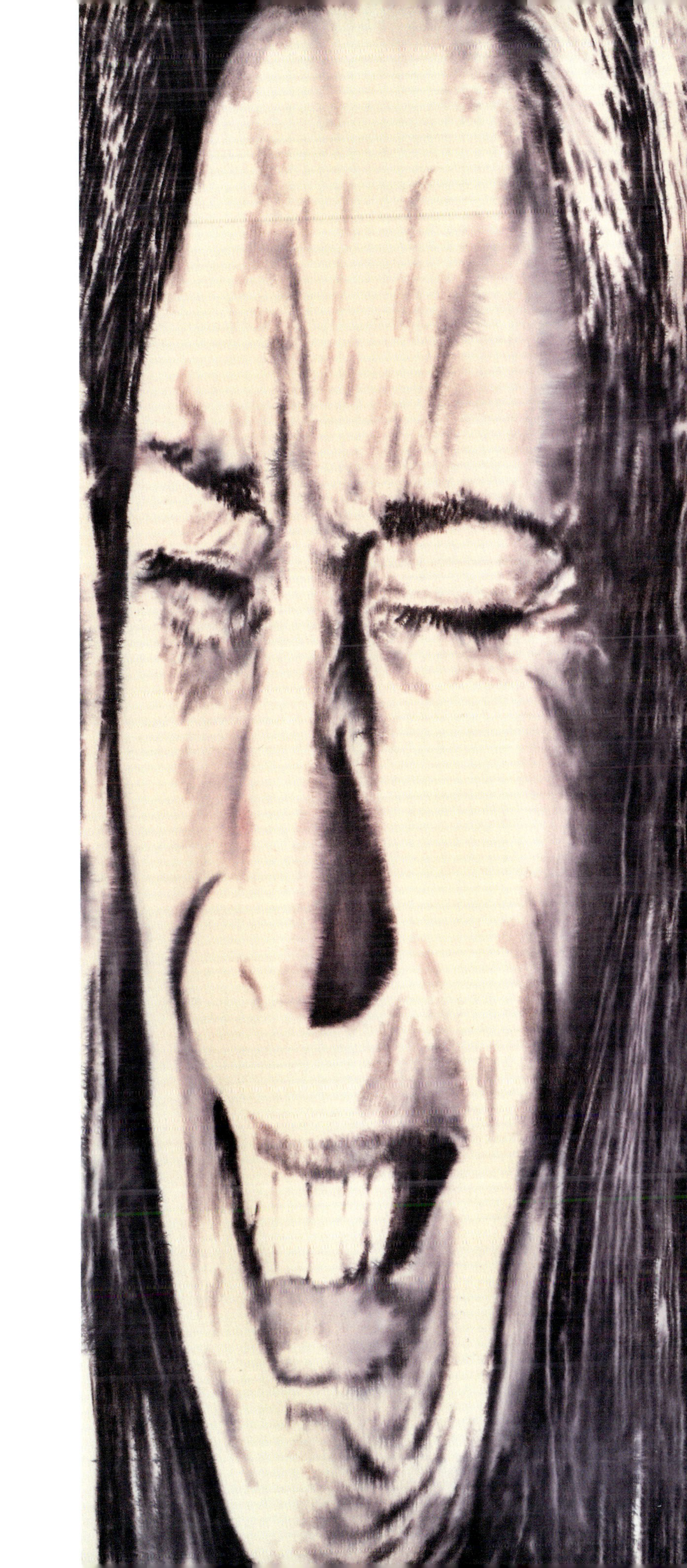

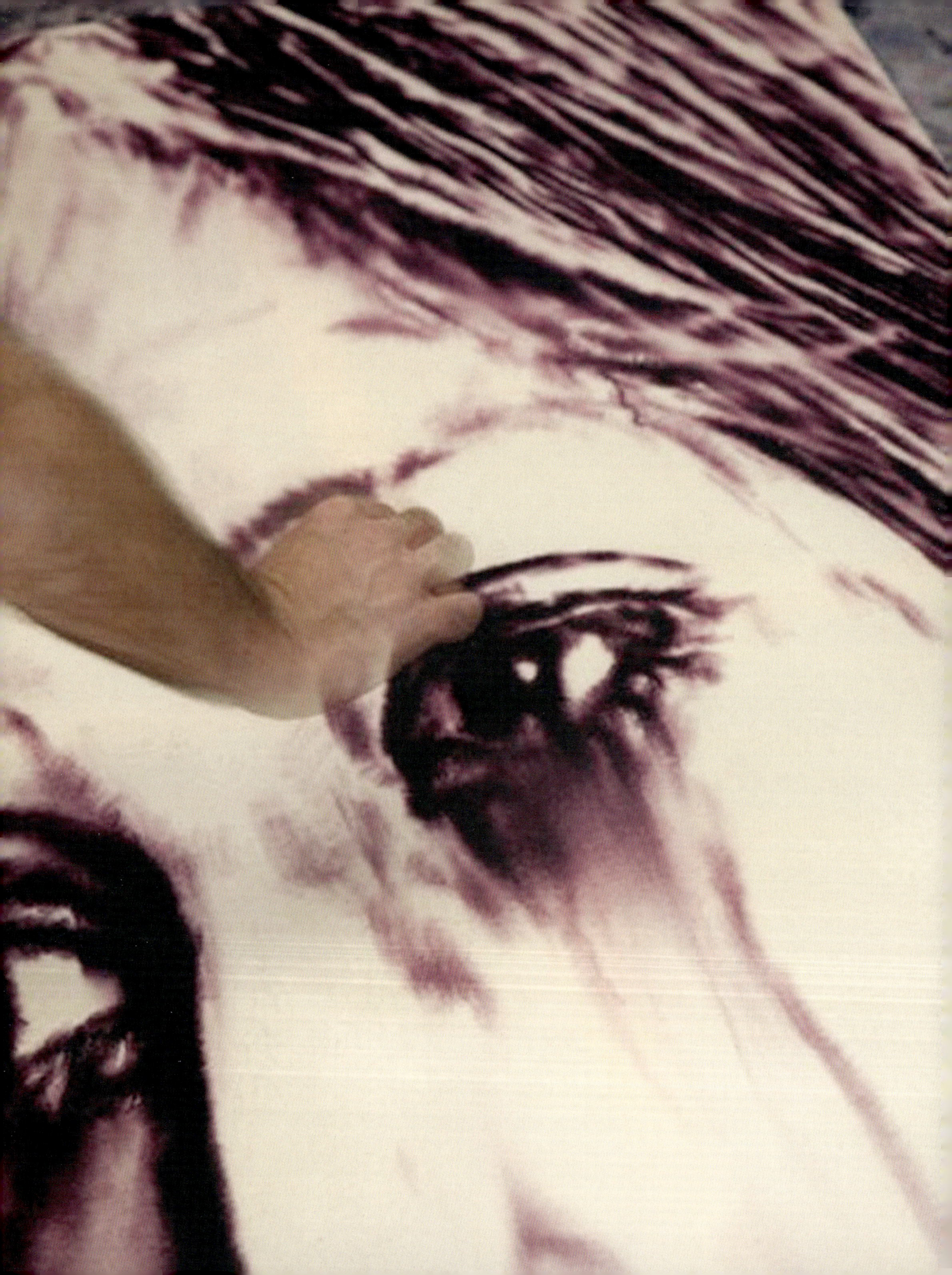

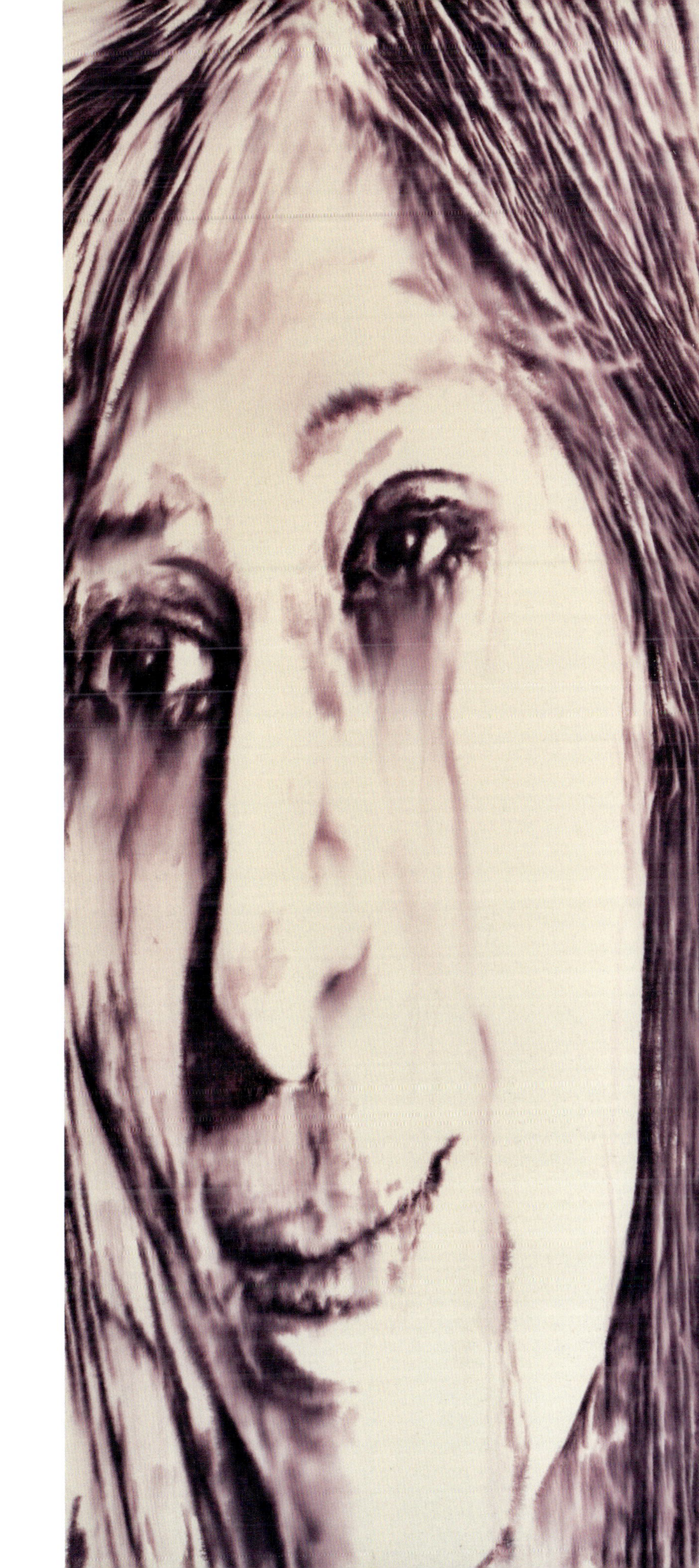

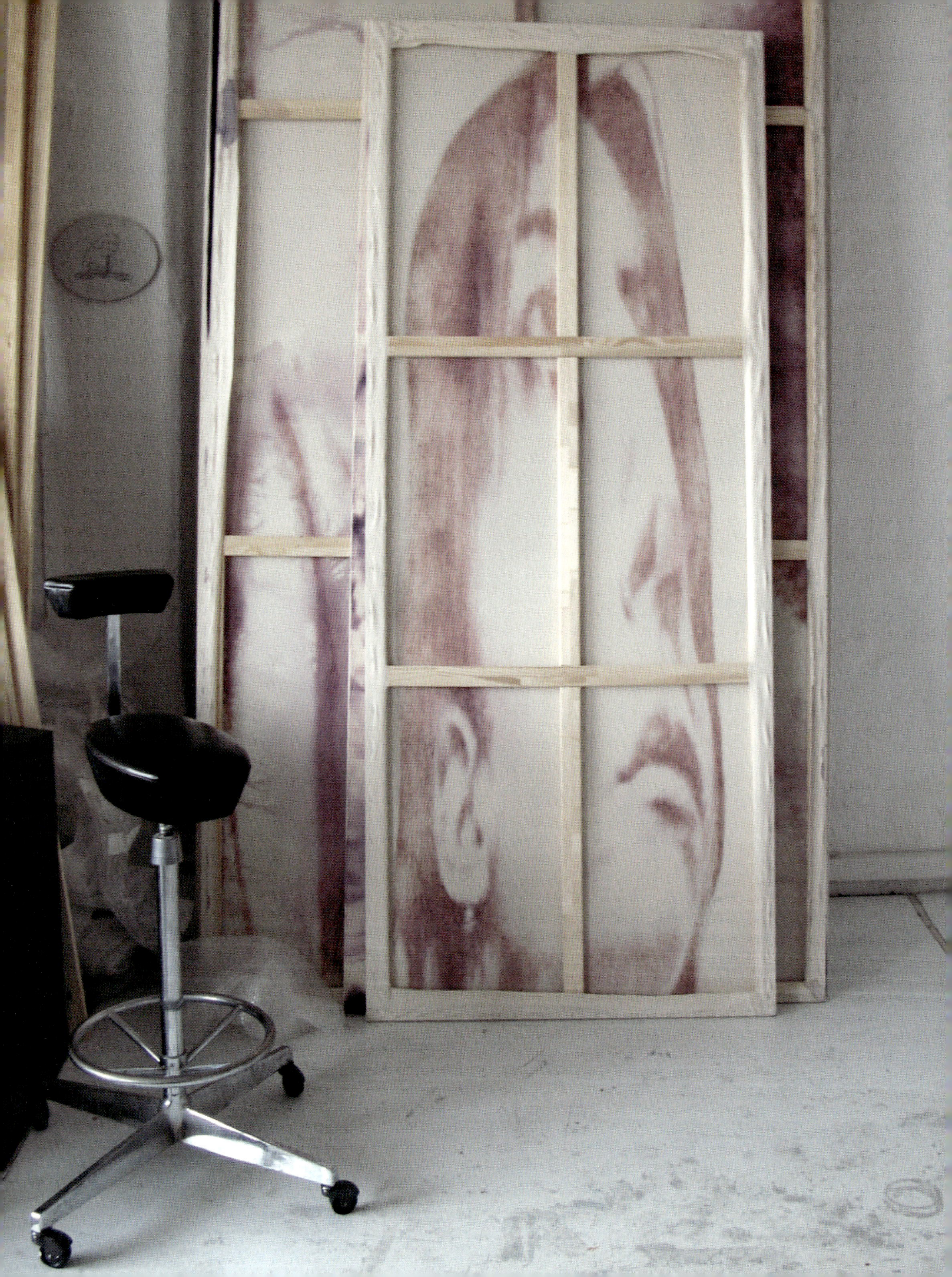

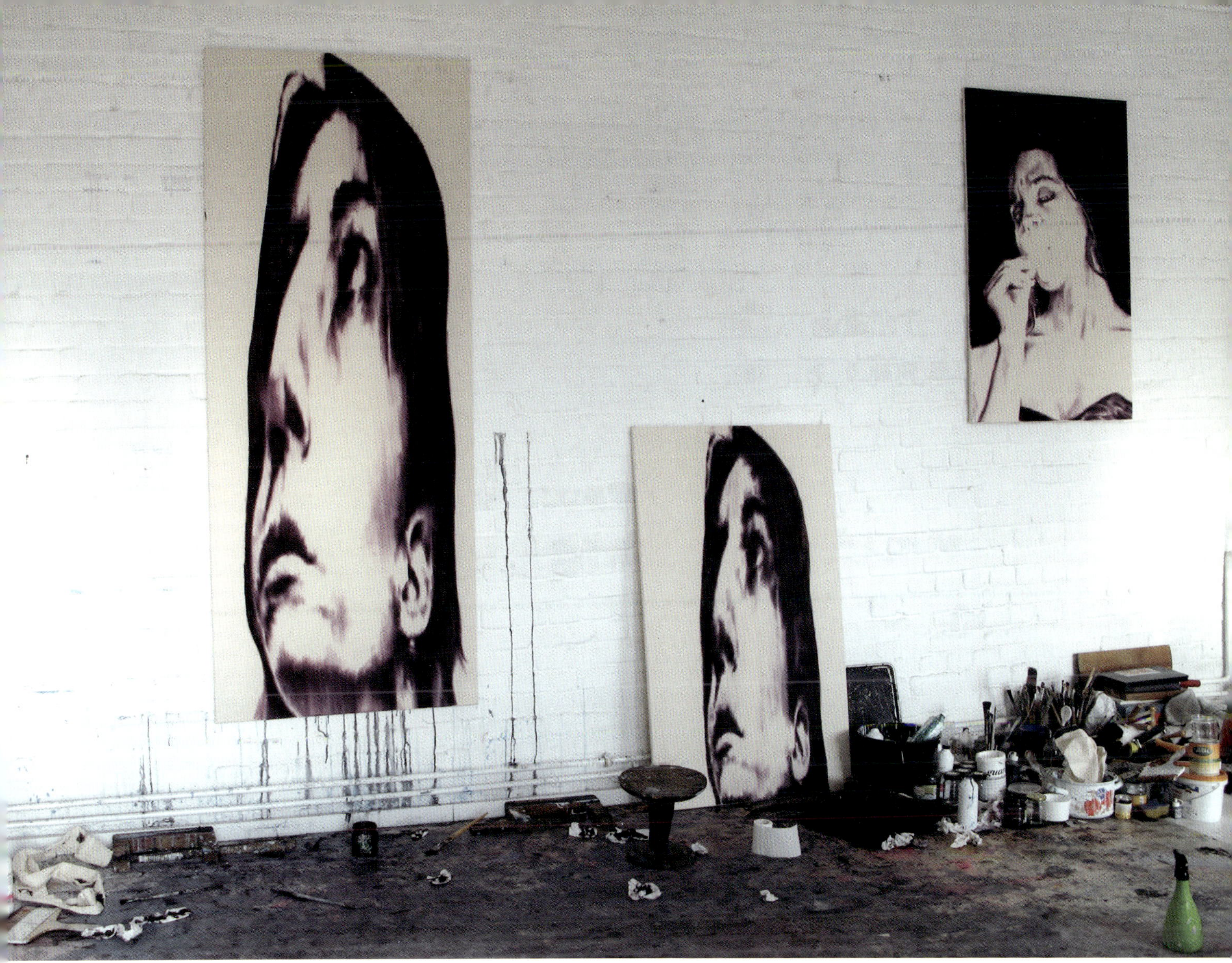

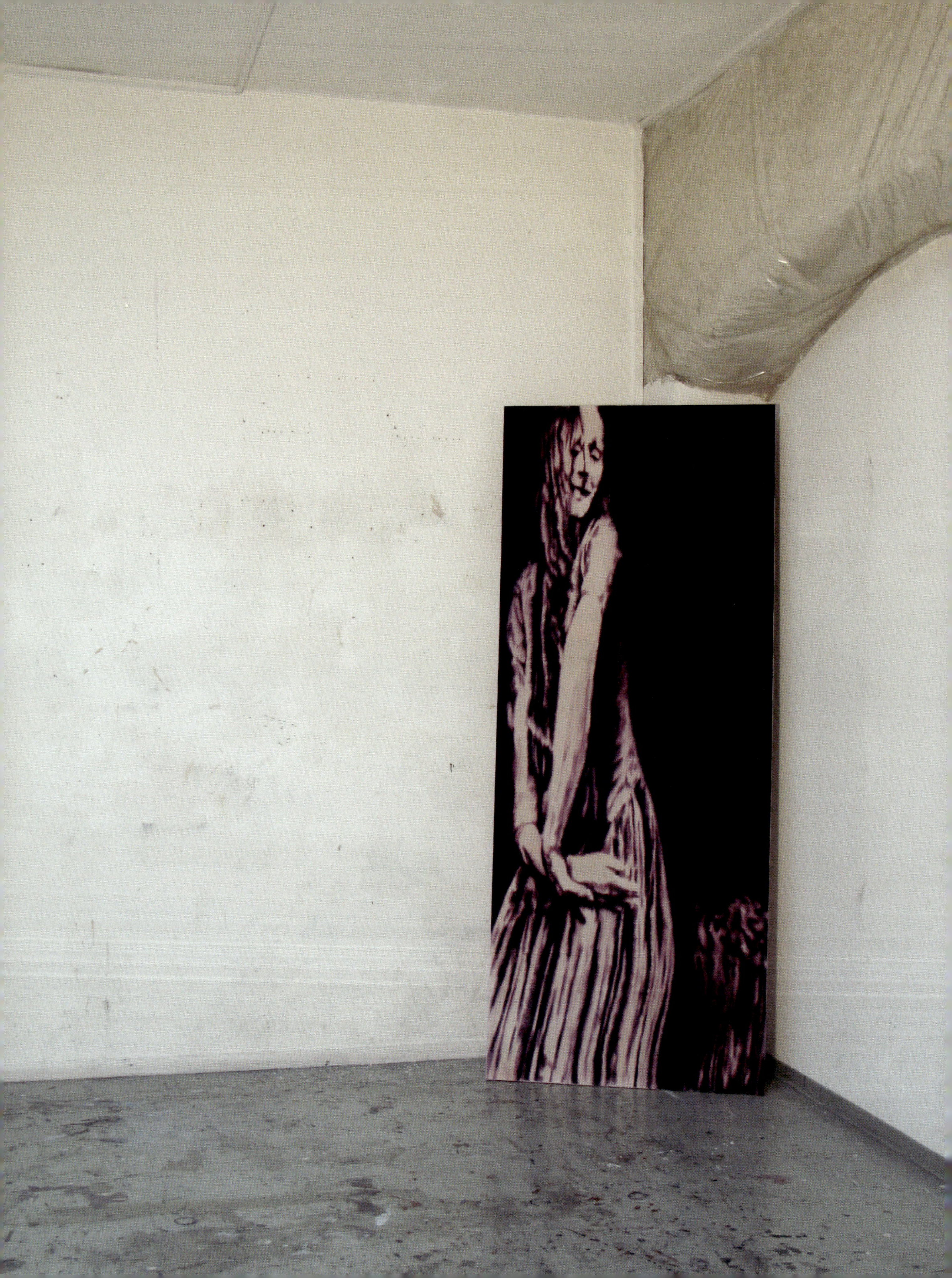

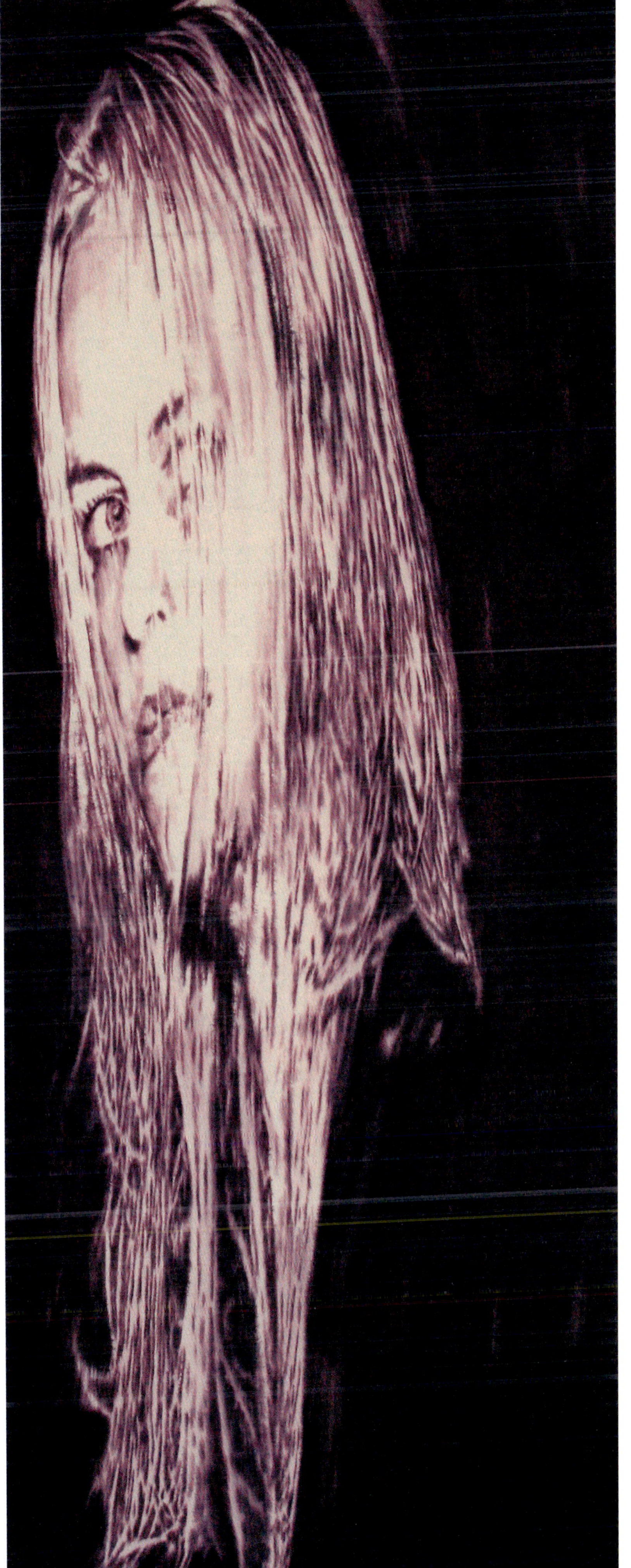

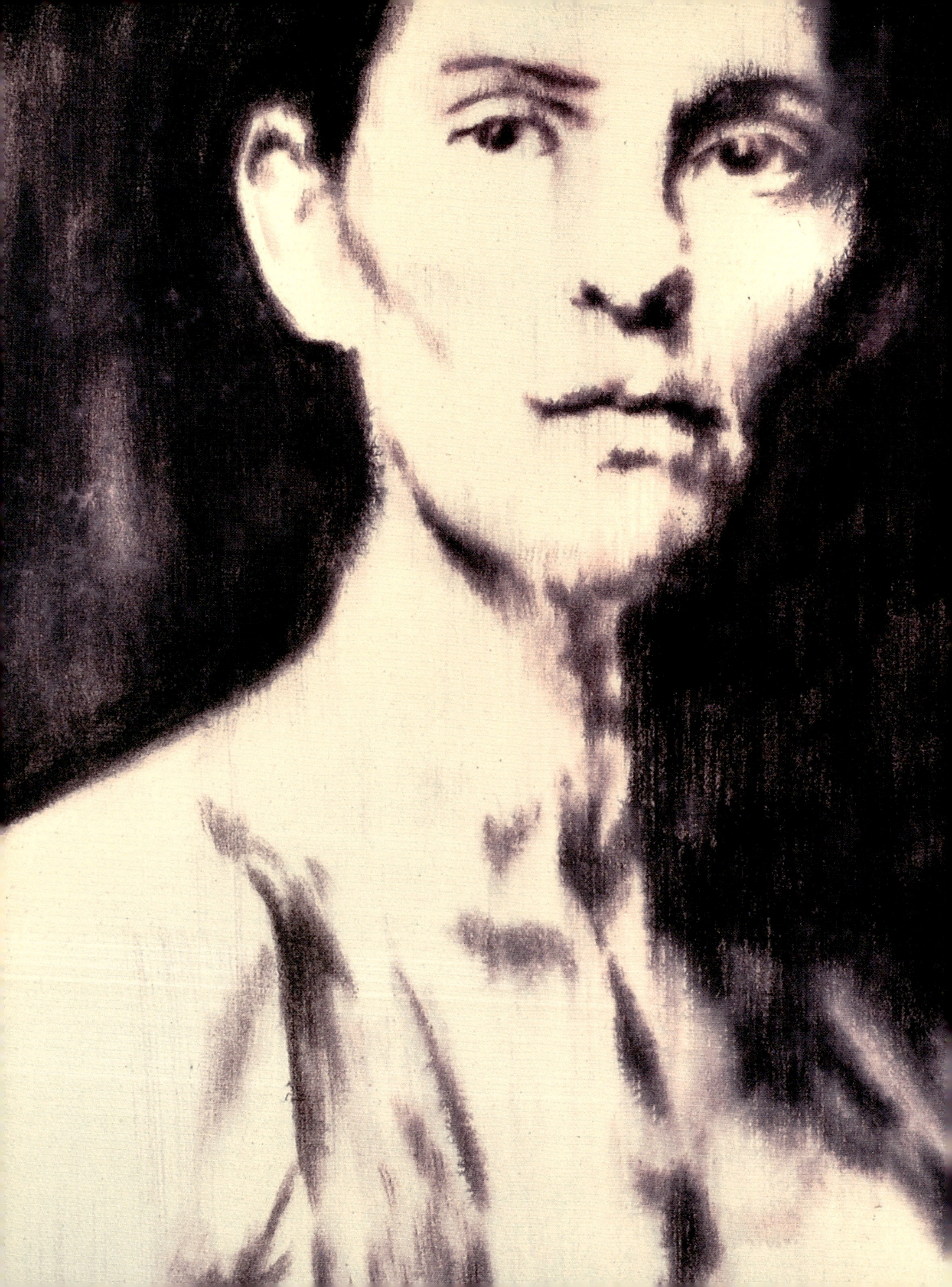

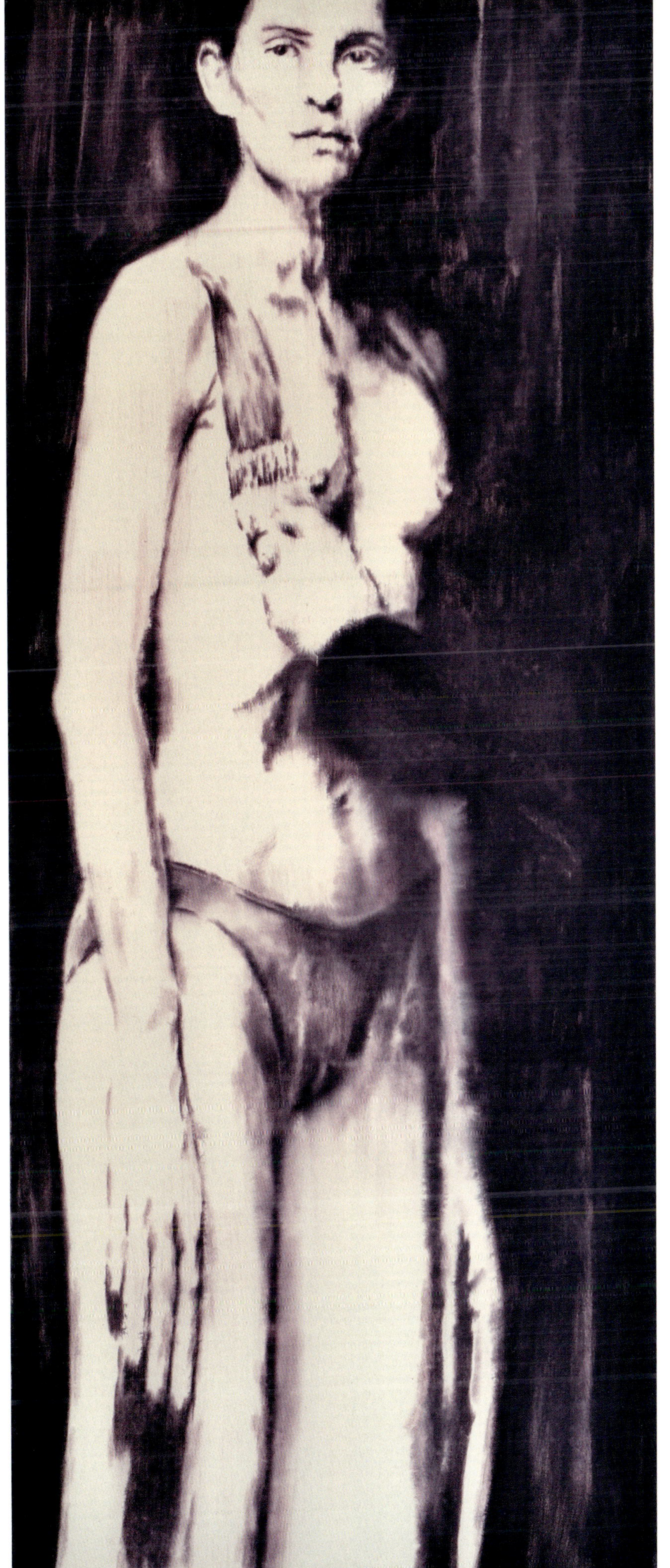

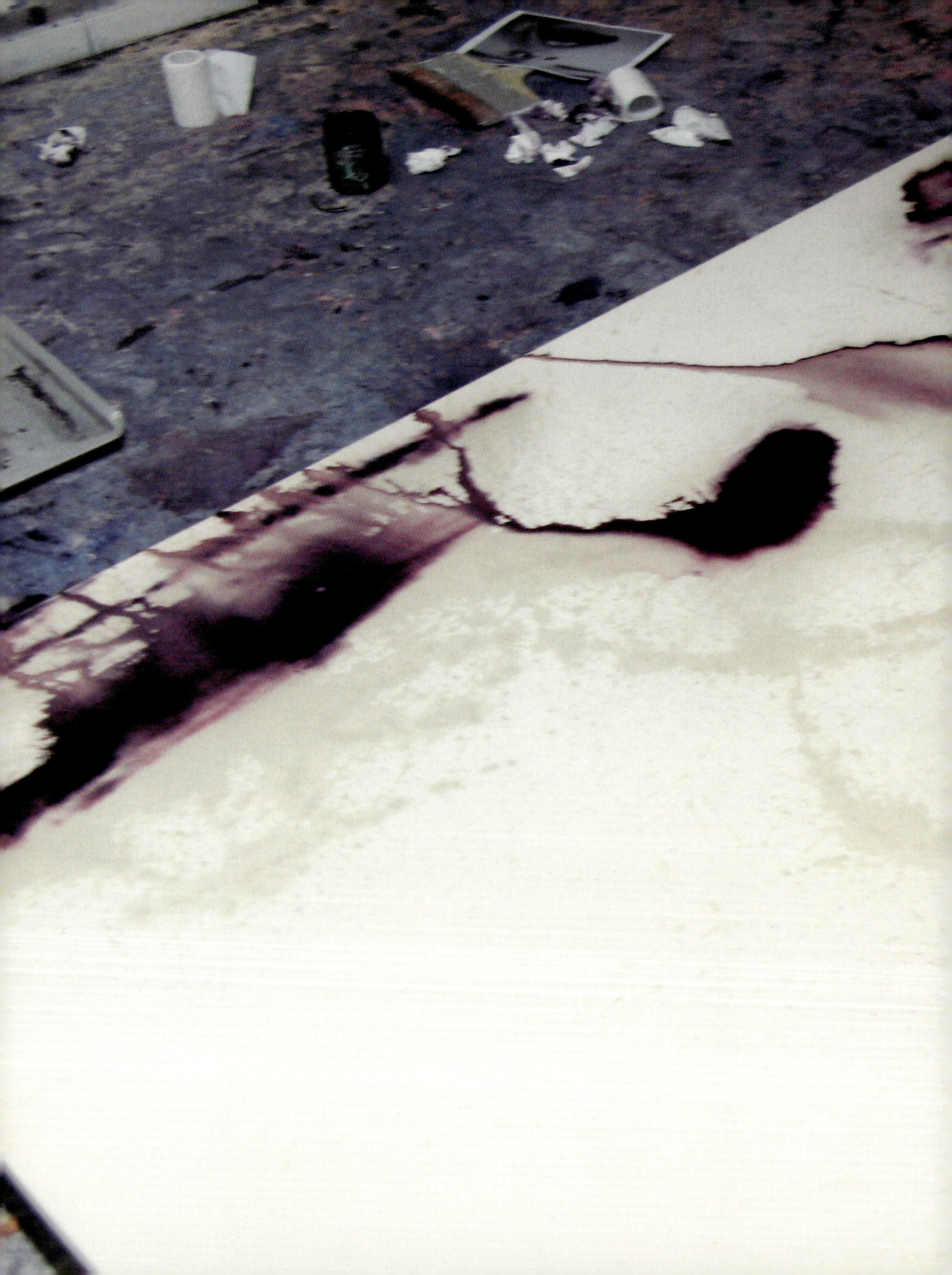

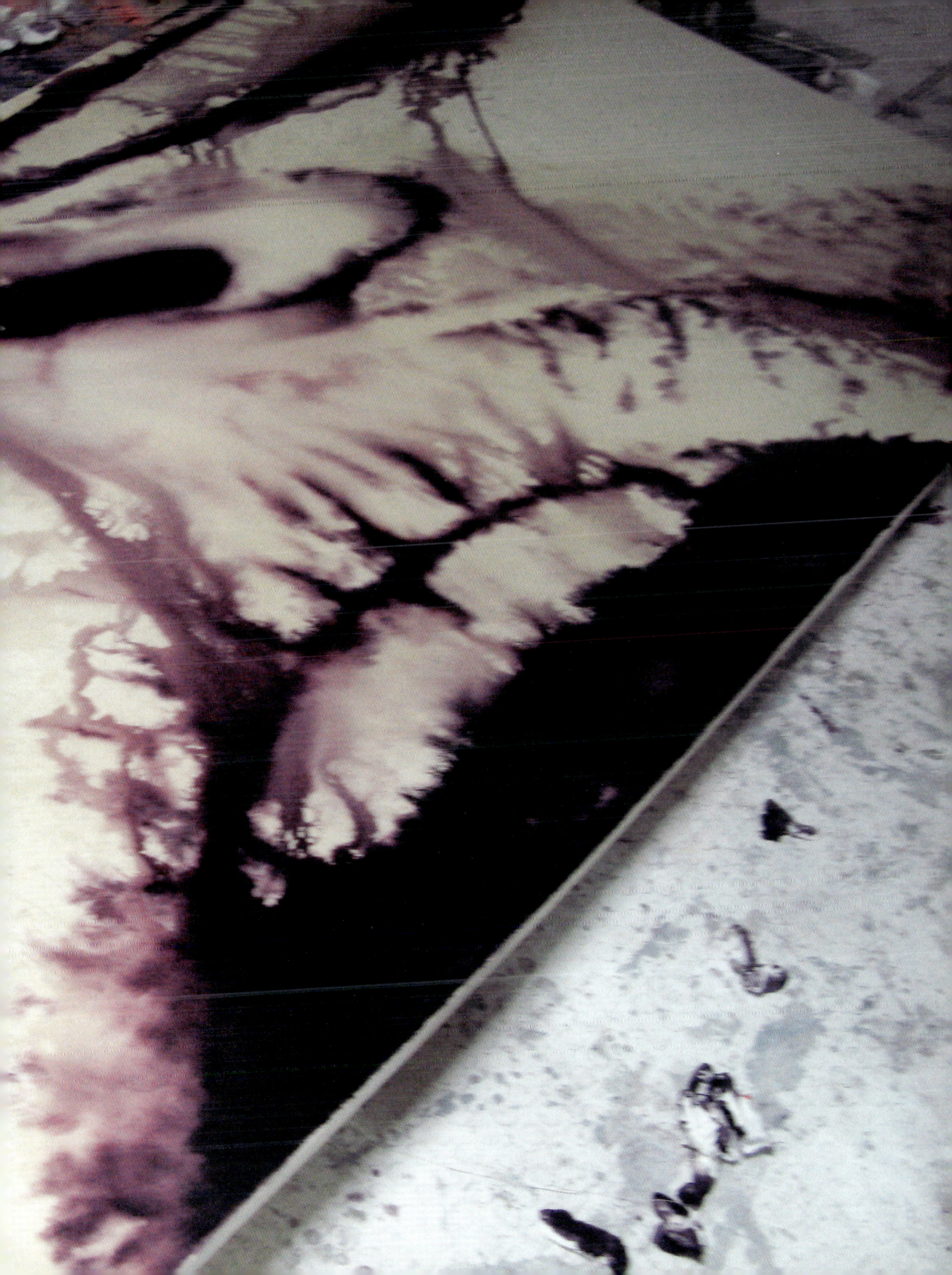

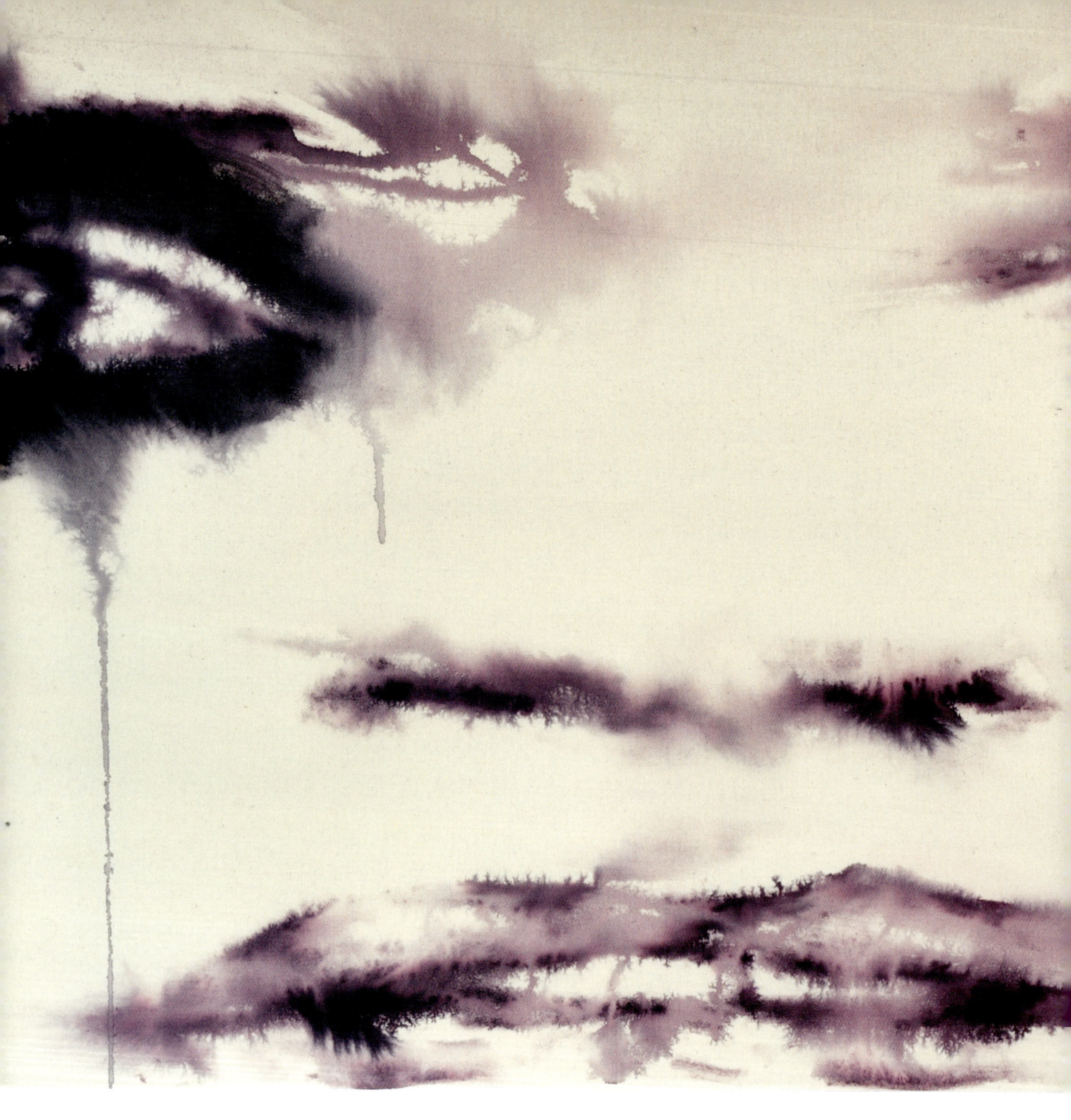

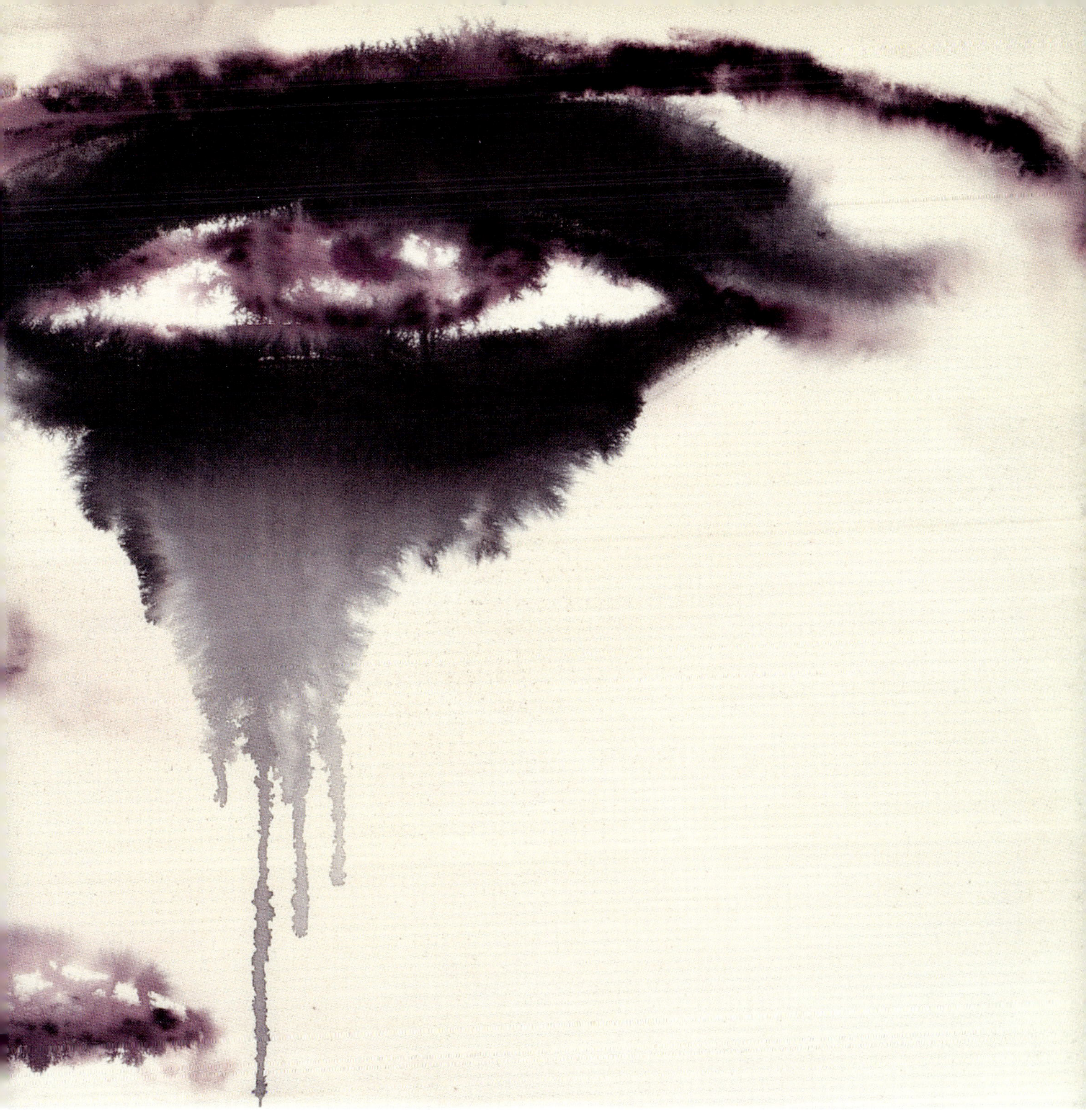

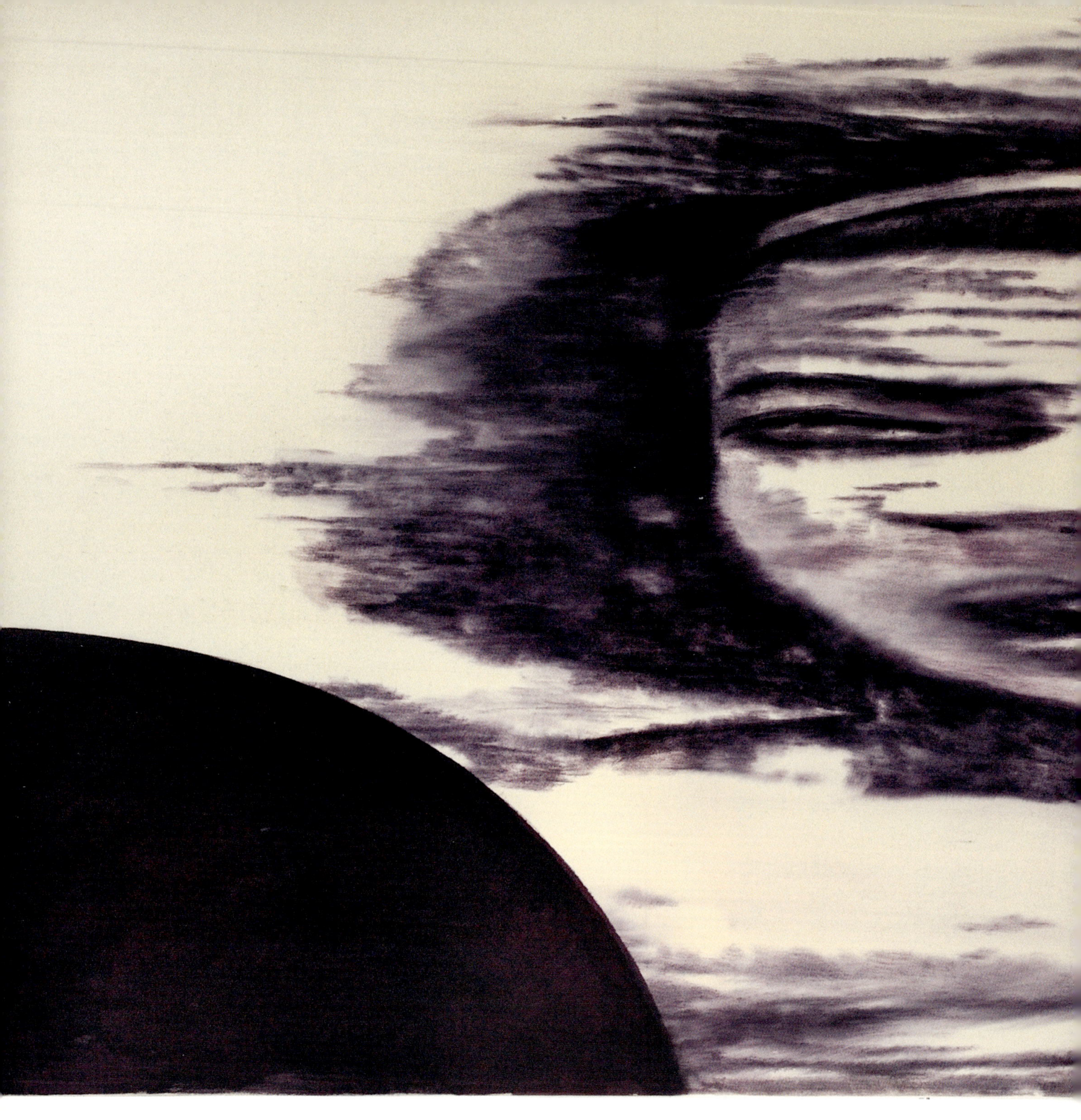

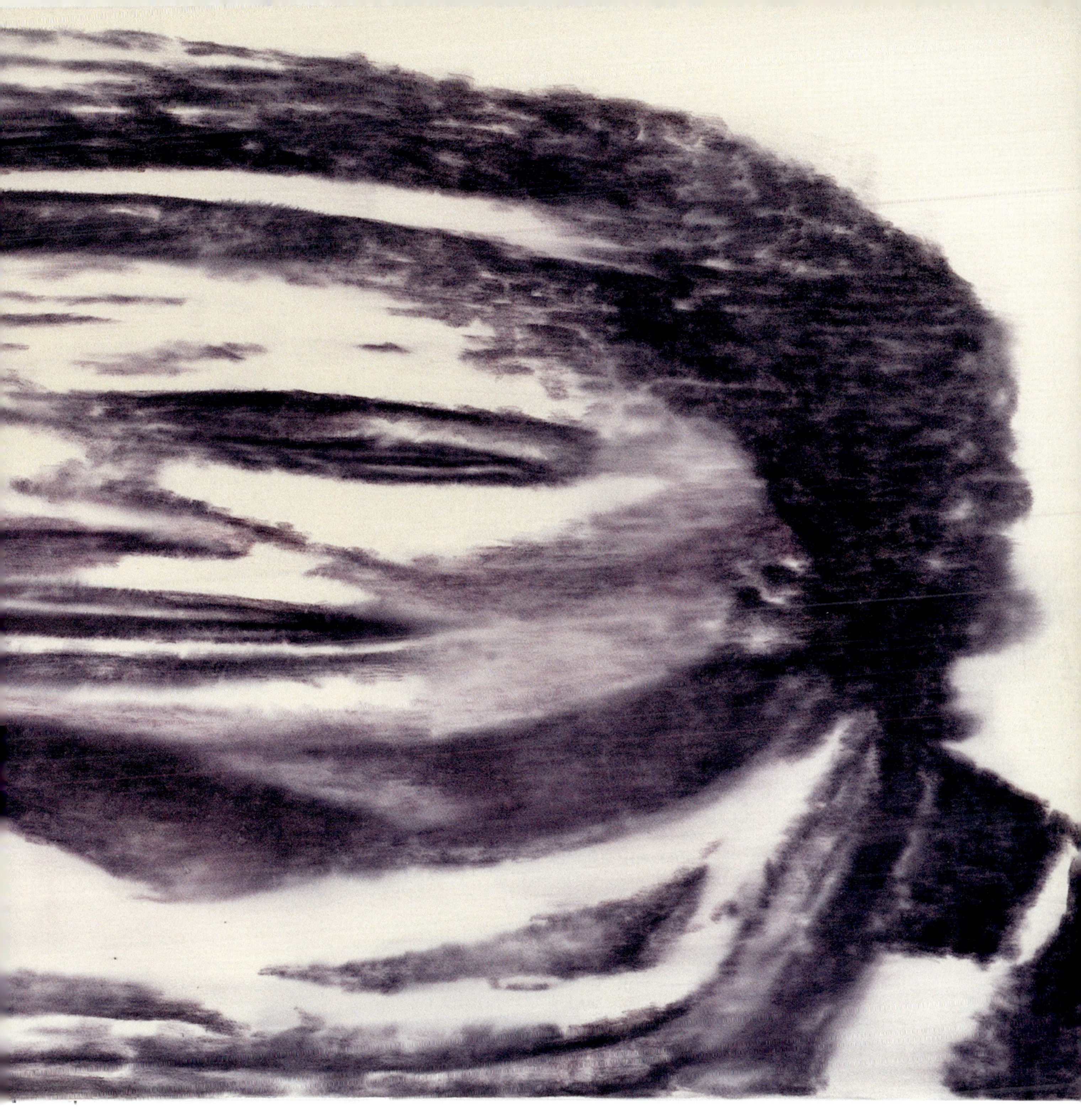

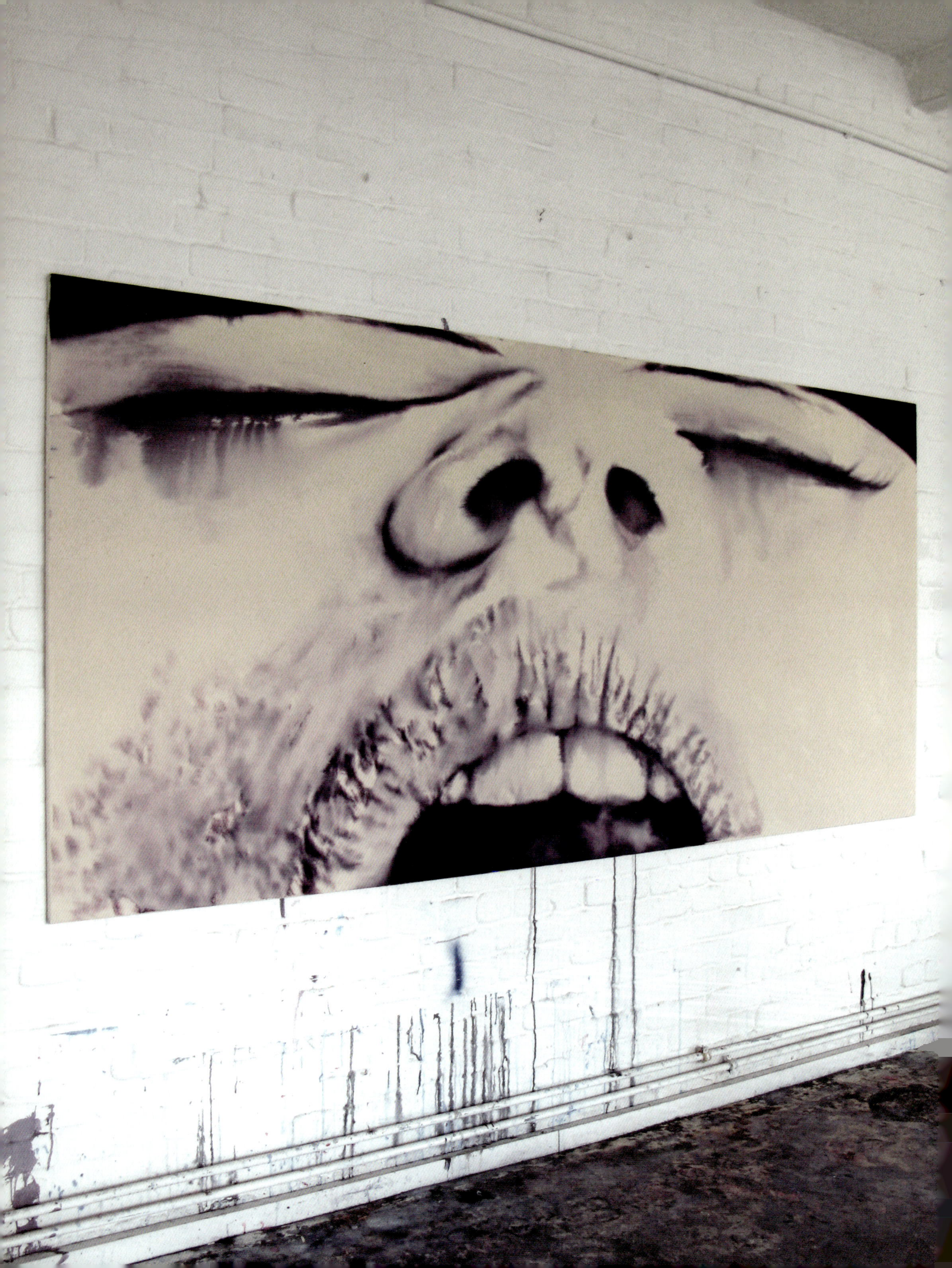

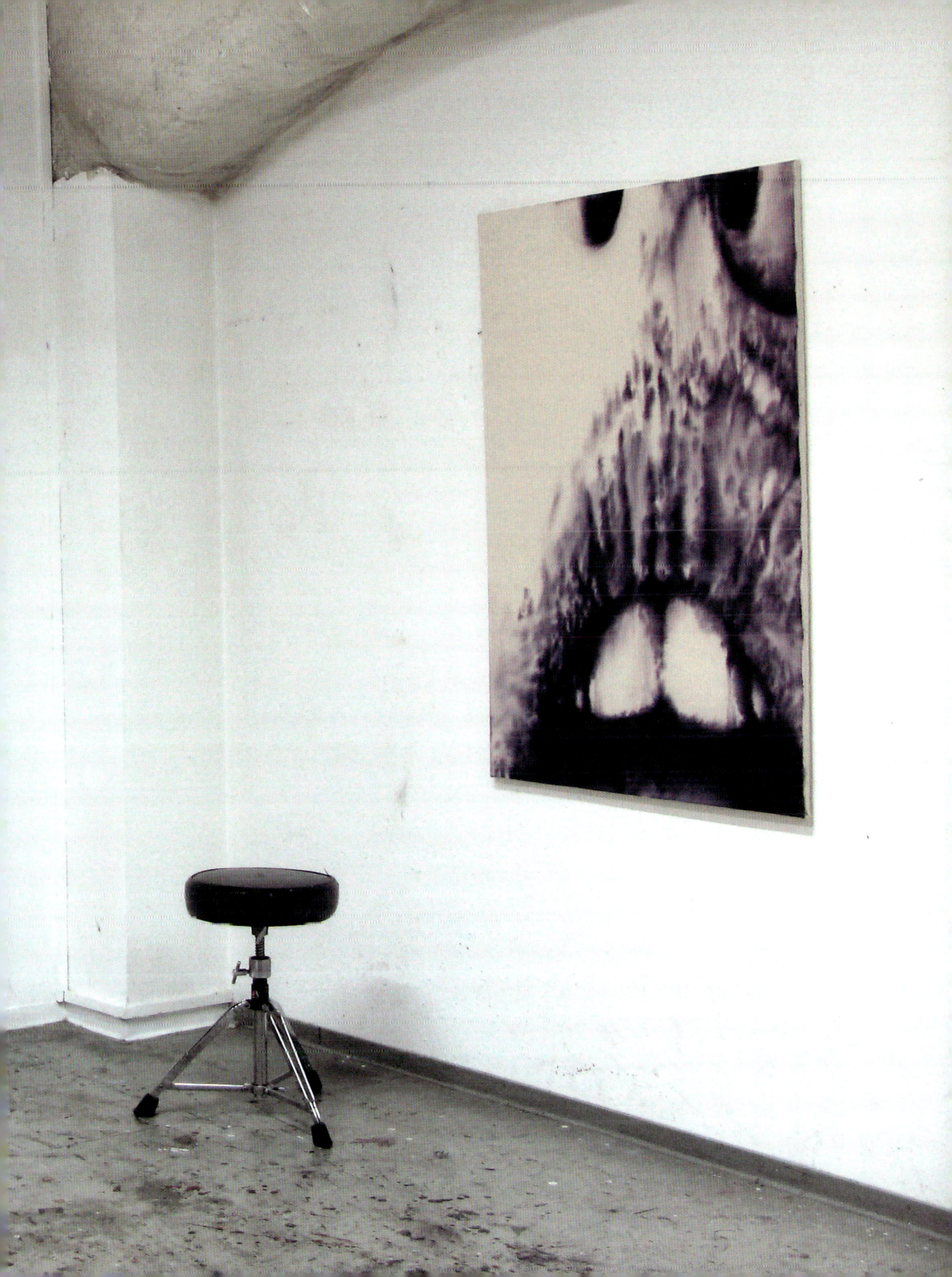

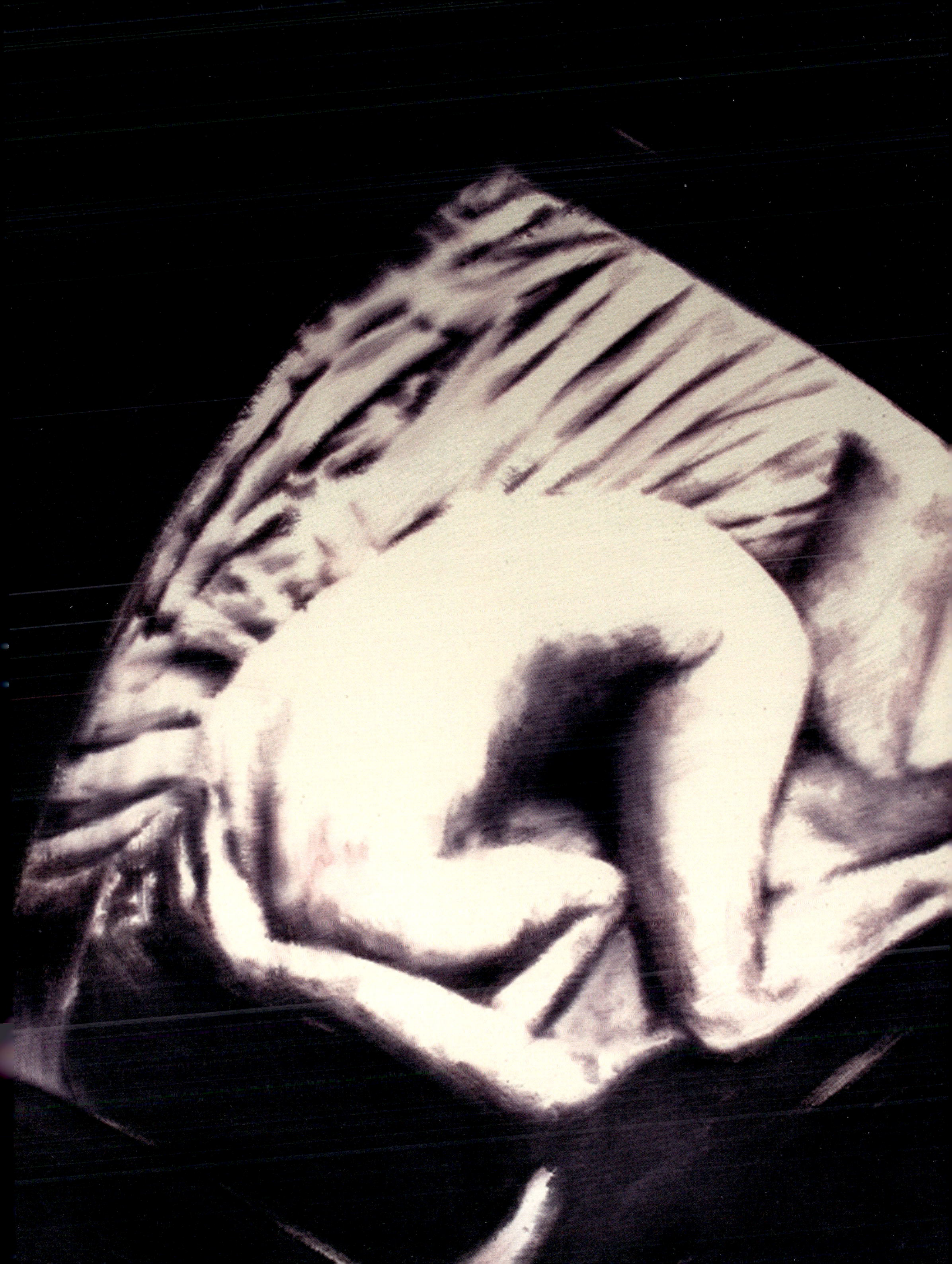

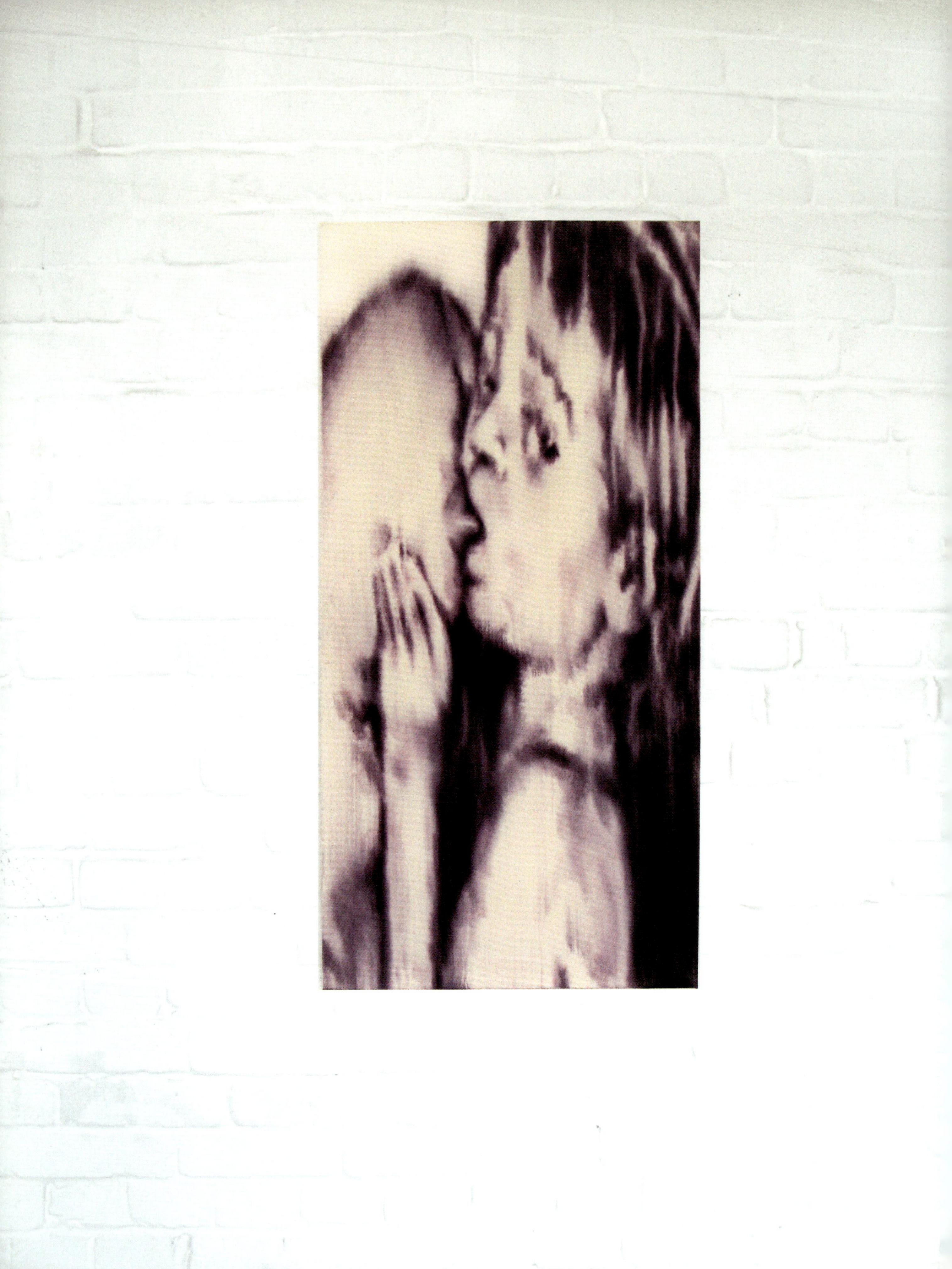

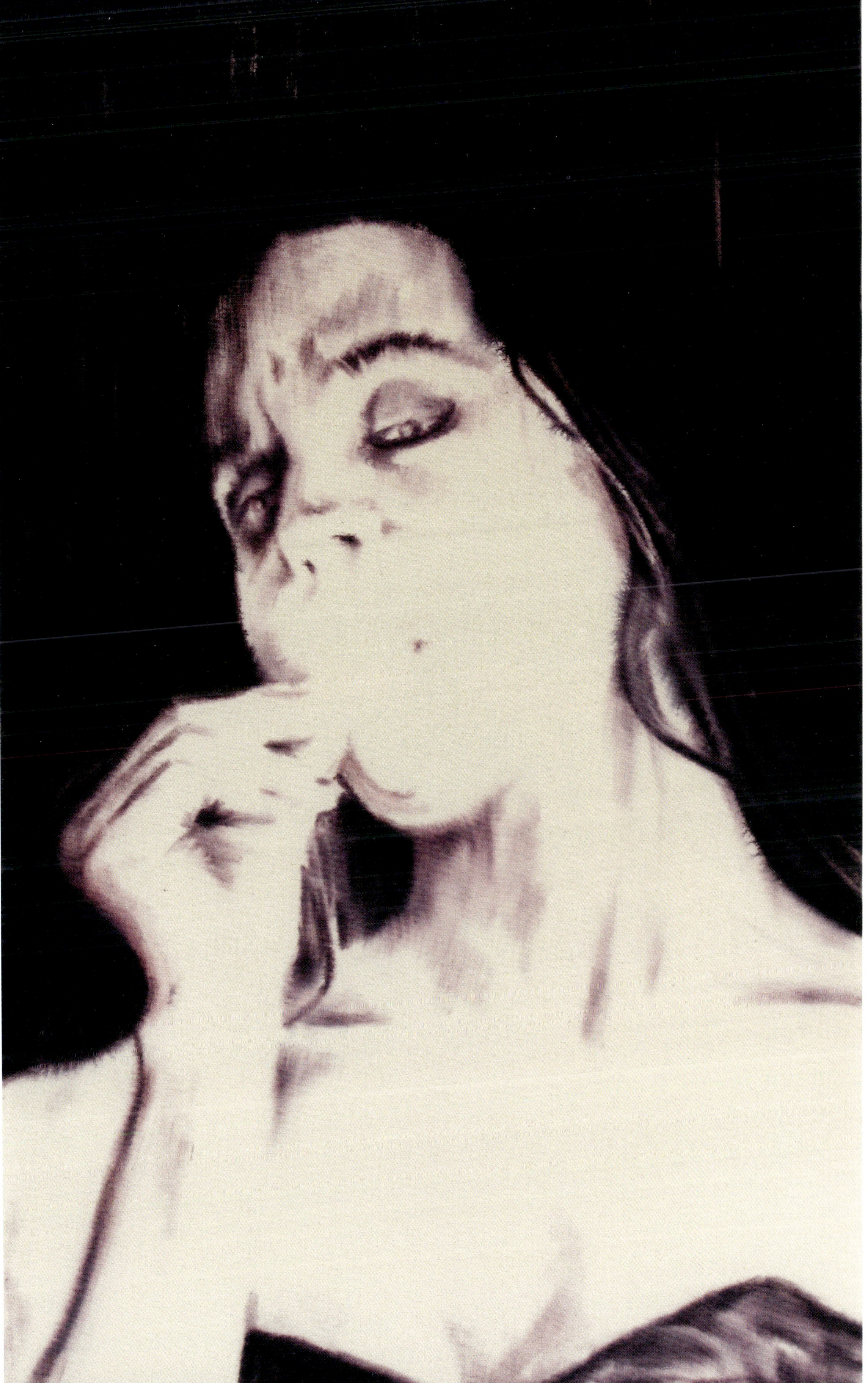

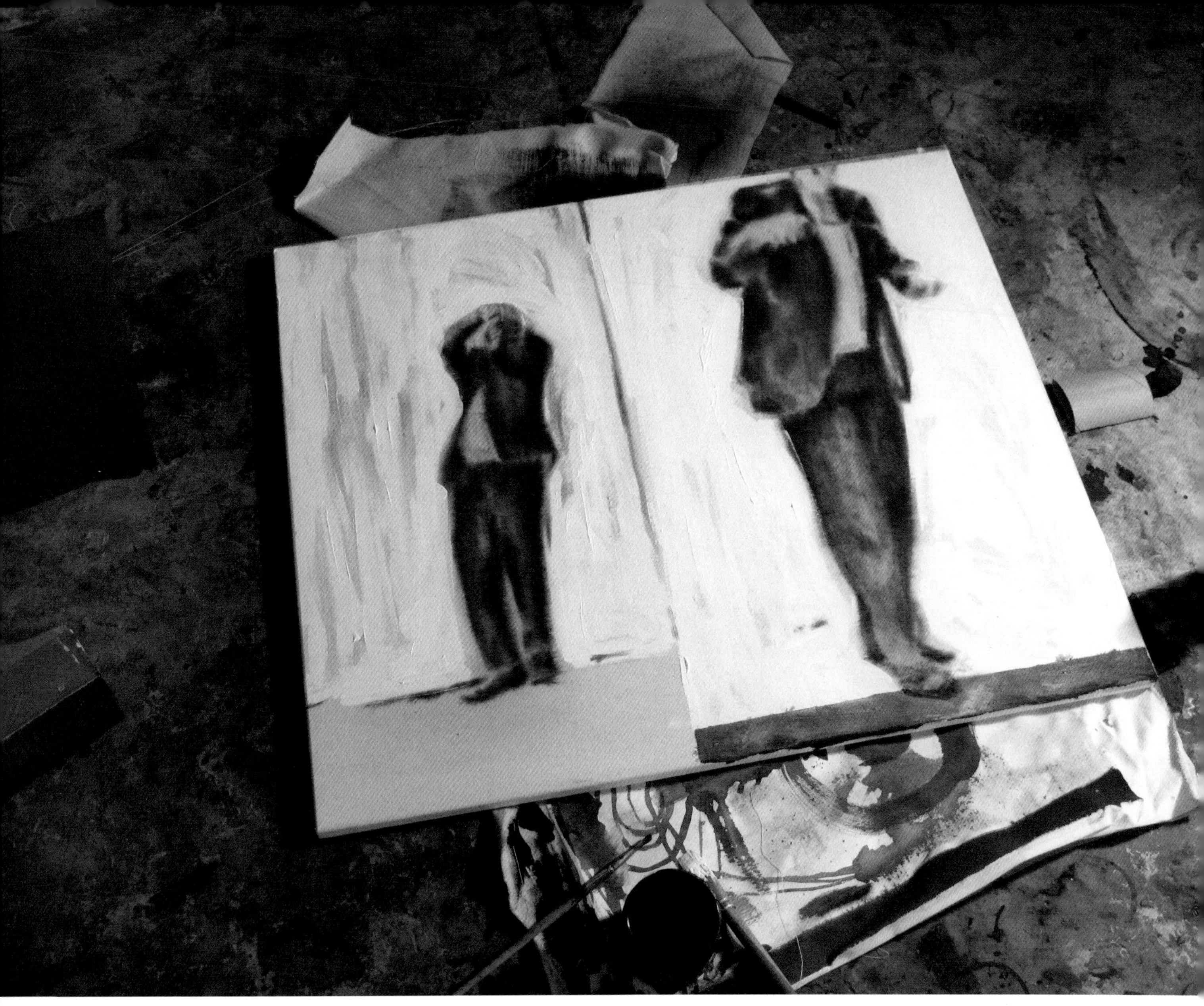

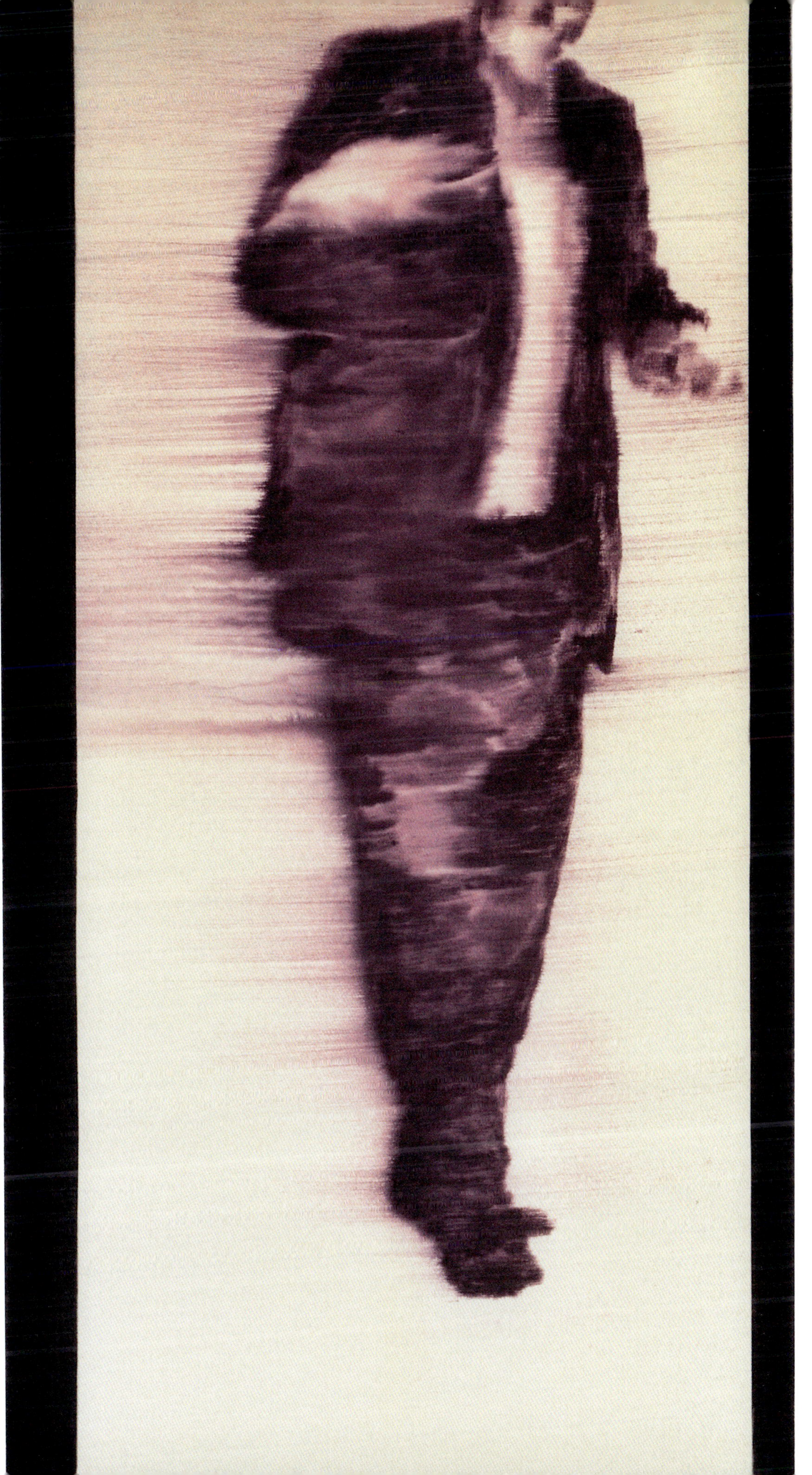

INTERVIEWS

DIE INTERVIEWS MIT SIEBEN SAMMLERN FÜHRTE JUTTA MEYER ZU RIEMSLOH

„HERR RUSCHE, HABEN SIE HUMOR?"

THOMAS RUSCHE LEBT ALS GESCHÄFTSFÜHRER DER SØR HERRENAUSSTATTER IN OELDE UND BERLIN. ER IST DURCH DIE LEIDENSCHAFT SEINES VATERS ZUR NIEDERLÄNDISCHEN MALEREI DES 17.JHD. MIT DER KUNST AUFGEWACHSEN, SAMMELT BEREITS SEIT SEINEM 14. LEBENSJAHR ALTE MEISTER UND SEIT EINIGEN JAHREN AUCH ZEITGENÖSSISCHE KUNST. VON DIETER MAMMEL BESITZT ER SCHLÜSSELBILDER AUS WERKZYKLEN DER LETZTEN JAHRE.

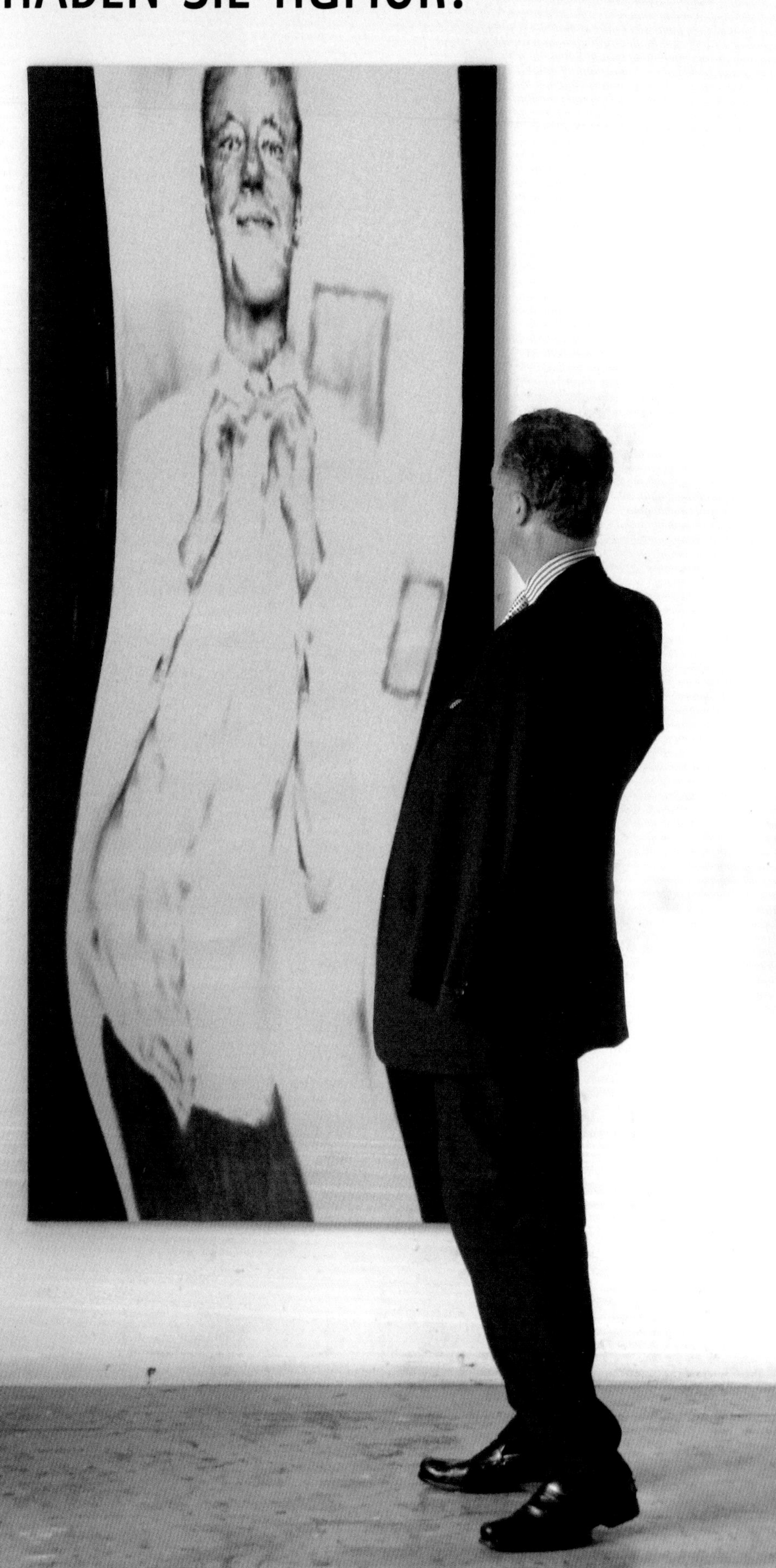

Jeder Mensch hat Humor und auch in mir versteckt er sich.

DENN SIE HABEN JA EIN PORTRAIT VON SICH IN AUFTRAG GEGEBEN UND EIN BILD VON DIETER MAMMEL AKZEPTIERT, DAS HAUPTSÄCHLICH AUS EINER KRAWATTE BESTEHT.

In dem Moment, als Dieter Mammel mir sagte: „Binde Dir mal eine Krawatte um!", war mir nicht klar, wohin das führt. Als ich dann das Gemälde sah, war mir klar: Dieter Mammel hat Humor!

KÖNNEN SIE EINE VERBINDUNG ZWISCHEN DER MALEREI DER ALTEN MEISTER UND DER MALEREI VON DIETER MAMMEL HERSTELLEN?

Dieter Mammel kann nicht nur malen, sondern auch sehen. Für die Alten Meister war das Sehen und Erkennen des "schilderachtigen", eine Voraussetzung. Die Niederländer des 17. Jahrhunderts haben die ganze Vielfalt "schilderachtiger" Motive für uns erschlossen. War das Repertoire zuvor auf traditionelle Motive wie Portraits, Schlachtenbilder und religiöse Szenen beschränkt, rückt nun das tägliche Leben in den Blickpunkt des Künstlers: Kackende Bauern und pissende Pferde, Hühnerhöfe und Bordelle - nichts ist dem Künstler zu alltäglich. Und diese Bresche in den Alltag des Lebens schlägt auch Dieter Mammel mit seinen Bildern. Er ist ein sinnenfreudiger und fühlender Mensch. Vor allem kann er denken und aus dem, was er sieht und fühlt, seine Malerei schöpfen. Damit ist er den Großen alter Zeiten sehr verwandt.

WIE WICHTIG IST IHNEN DER KÜNSTLER ALS PERSON?

Ich kannte meine Künstler bisher nur aus den Lexika. Denn die Alten Meister sind alle schon tot. Manche Sammler von moderner Kunst haben mich davor gewarnt, die Künstler zu persönlich kennenzulernen, weil dies den Blick trüben könnte. Dieter Mammel ist ein wunderbarer Mensch. Ich kannte seine Bilder, bevor ich ihn als Person kennengelernt habe, sonst hätte mich vielleicht seine Aura verführt. Hier ist es ein Glücksfall. Ich schätze seine Malerei und habe über die Malerei den Menschen kennengelernt. Und Mammel ist großartig.

Ein herrlicher Zeitgenosse, der Menschen liebt und seine Mitmenschen liebevoll „einmammelt". Er ist ein Mammeltier. Er mammelt. Inzwischen haben wir das Verb des Mammelns geprägt. Er mammelt uns alle ein!

ALS ICH IN FRANKFURT IM ATELIER DIETER MAMMELS WAR, BEGEGNETE ICH EINER BLAUEN ZIEGE. DAS WAR IHR ERSTES ENSEMBLE VON DIETER MAMMEL, DAS SIE ERWORBEN HABEN. WIE KAM ES DAZU?

Dieter Mammel teilt in Frankfurt sein Atelier mit einer liebenswerten Künstlerin, Friederike Walter. Ich hatte die Werksentwicklung von Dieter Mammel in der Galerie Hübner schon über Jahre verfolgt. Ich bin immer bemüht, die Entwicklung eines Künstlers bewusst zu verfolgen, bevor ich als Sammler "Ja" sage und ihn mit seinen Werken in meine Sammlung aufnehme. Irgendwann war die Zeit reif. Dieses Ensemble der Ziege von Dieter, das wiederum als Bild im Bild von Friederike Walter gemeinsam mit dem Atelierensemble als reale Installation auftauchte, war auch für mich, der ich bisher nur Gemälde gesammelt hatte, ein erster Schritt in die skulpturale Installationswelt, in die Dreidimensionalität. Das hat mich sehr beeindruckt. Dieses Zusammenspiel von zwei Künstlern, das im 17. Jahrhundert in der Malerei sehr verbreitet war, war mir ohnehin vertraut. Und hier durfte ich erstmalig hautnah erleben, wie sich zwei Künstler in einer Ateliergemeinschaft ergänzen und kreativ die Bälle zuwerfen.

WAS VERBINDEN SIE MIT DEM AUSSTELLUNGSTITEL „PRIVACY"?

Die privaten, intimen, persönlichen Dimensionen des Lebens. Die drückt Dieter Mammel in den Bildern aus. In seiner Art zu sehen und zu malen gewährt er immer wieder diese privaten Eindrücke und Einblicke in das Leben des besonderen jeweiligen Menschen und dann immer auch des allgemeinen Menschen schlechthin. Einem Kunstwerk zu begegnen ist aus der Sicht des Sammlers ein sehr privates Erlebnis. Zwischen dem Kunstwerk und dem Betrachter entsteht etwas sehr Intimes, etwas sehr Persönliches, ein einzigartiges Beziehungsverhältnis.

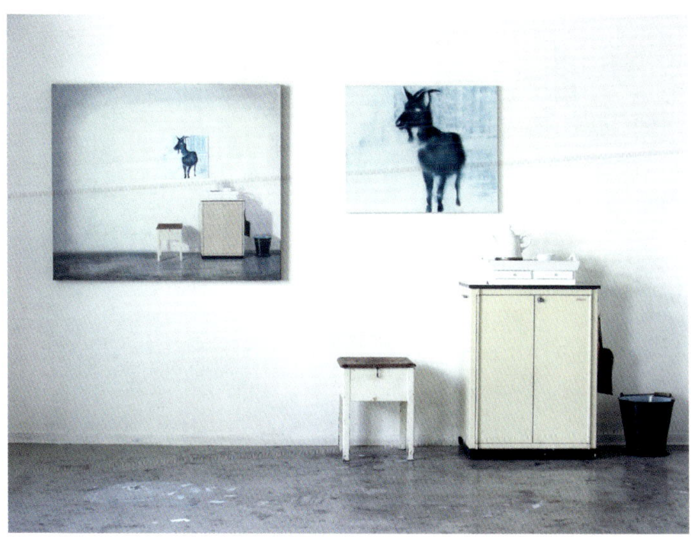

WIE NIMMT IHRE FAMILIE ANTEIL AN IHRER LEIDENSCHAFT FÜR DIE KUNST?

Bei meiner Frau, die selber in Mailand in einem Haus groß geworden ist, wo die Gemälde in Petersburger Hängung übereinander gereiht sind, gibt es ein traditionelles Jasagen zu alten Gemalden mit schweren Goldrahmen, die über Kommoden mit Marmorplatten hängen. Dass jetzt auch die zeitgenössische Moderne in unsere Sammlung einbricht, hat die ältere Generation meiner Familie noch nicht verdaut - aber die Kinder jubeln. Die Kinder jubeln insbesondere über Dieter Mammel, denn Dieter Mammel ist ein Kinderfreund.

WAS HALTEN DIE VON DIETER MAMMEL UND SEINEN BILDERN?

Das Lieblingsbild meiner Tochter Valentina ist der „Erste Kuss". Zu ihrer Enttäuschung war das Bild schon verkauft, als sie es lieben lernte. Aber dafür hat sie ein Plakat, ein gewidmetes Plakat vom Mammeltier.

DIE BILDER HÄNGEN BEI IHNEN PRIVAT, ABER AUCH IN IHRER FIRMA.

Wir leben und arbeiten mit den Bildern. Gemälde hängen zu Hause ebenso wie in unserem SØRVICE-CENTER, ganz bewusst als Auseinandersetzung mit dem Zeitgeist und den Strömungen dessen, was kommt. Das hilft uns auch subkutan in der Bewältigung unserer unternehmerischen Herausforderungen. Es gibt kein Büro, in dem nicht zeitgenössische Kunst hängt. Sie hängt selbst über den Pissoirs.

UND IHR SELBSTPORTRAIT, WO HÄNGT DAS?

Das hat offen gestanden noch keinen Platz, so wie die meisten Bilder keinen Platz haben. Eine alte Definition des Sammlers lautet: Wenn die Wände voll sind und du trotzdem weiterkaufst, dann bist du ein Sammler. Dann geht es dir nicht mehr um Wandschmuck und Innendekoration. Bei ca. 1000 Bildern, die unsere Sammlung umfasst, ist es keine Frage mehr, ob ein Gemälde nun irgendwo hängt und wo es seinen Platz findet. Es ist da. Ich lebe damit, indem ich die Bilder immer wieder hervorhole, ab- und umhänge. Die intensivste Form der Auseinandersetzung mit den Gemälden erlebe ich durch den Brückenschlag der alten mit der neuen Kunst. Da werden Blickachsen geschlagen, die ich selber so noch nie erlebt habe. Das ist für mich die spannendste Weise,

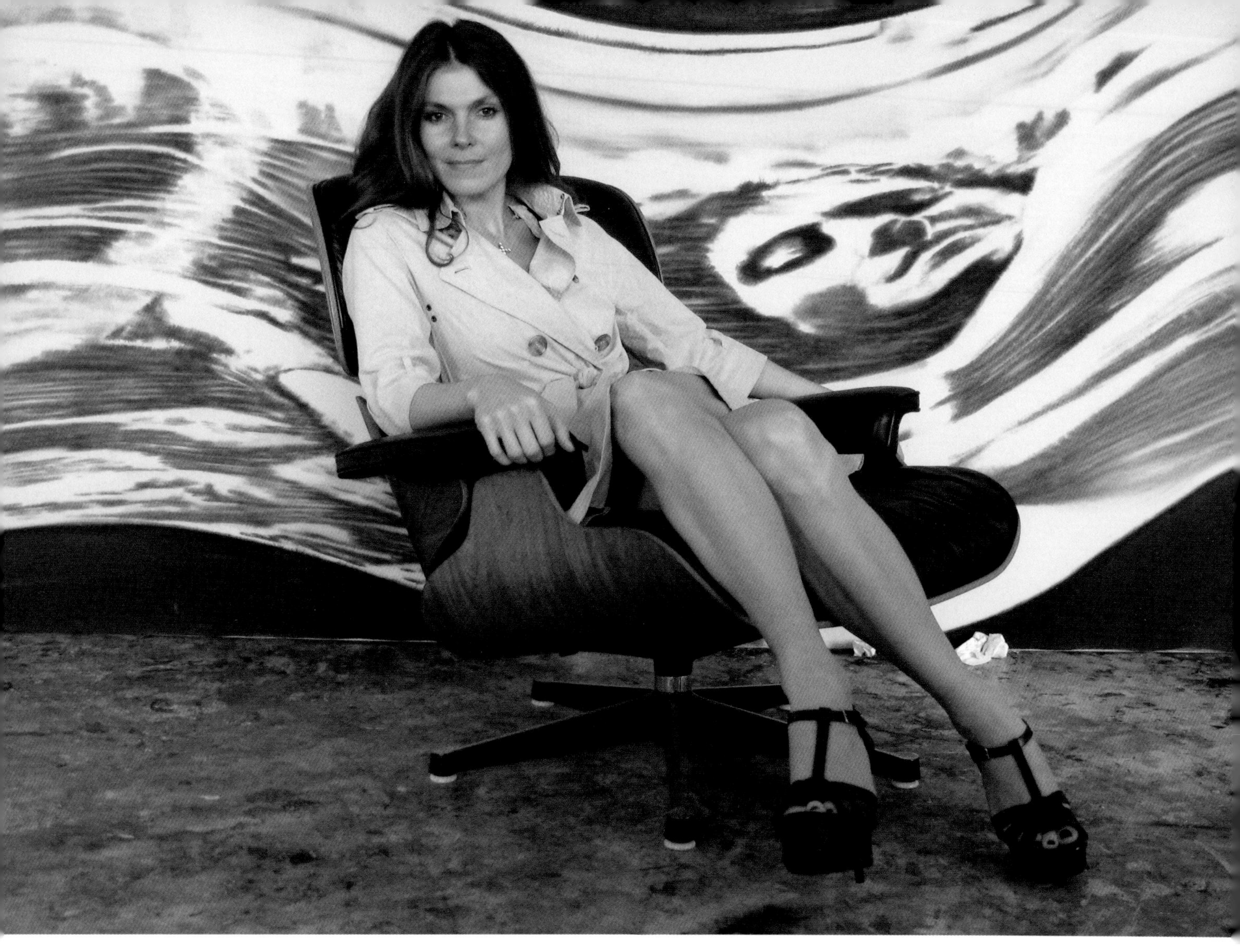

SEHEN SIE SICH GRÜN?

ANDREA DIBELIUS LEBT ALS MARKETING- UND KOMMUNIKATIONSBERATERIN IN MÜNCHEN UND IST VERHEIRATET MIT DEM INVESTMENTBANKER ALEXANDER DIBELIUS. IN DER REKONSTRUIERTEN THOMAS MANN-VILLA IN MÜNCHEN SAMMELT SIE ZEITGENÖSSISCHE KUNST. ANDREA DIBELIUS BESITZT NEBEN PORTRAITS VON SICH WICHTIGE BILDER VON DIETER MAMMEL, WIE „SPAZIERGANG MIT VATER" UND „DER MANN, DER VERSUCHT SEINEN SCHATTEN ZU ÜBERMALEN".

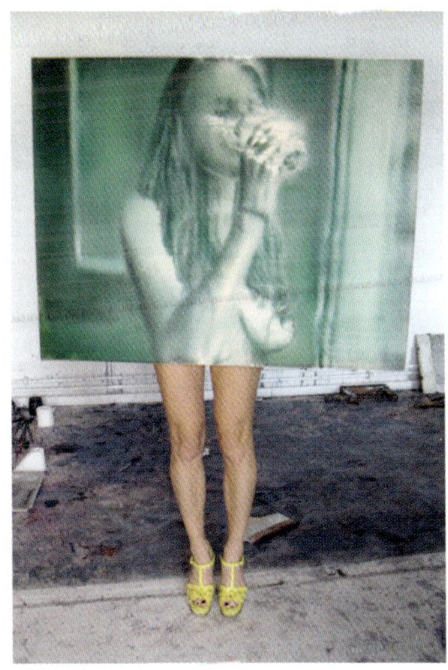

SEHEN SIE SICH GRÜN?

Grundsätzlich nicht. Aber in der Tat wollte ich, dass Dieter Mammel mich in Grün malt. Ich bin zu Dieter gekommen, um ein Portrait zu erwerben. Er hatte wahnsinnig viele blaue Bilder. Mittlerweile hat Dieter ja auch weitere Serien in anderen Farben u.a. auch in Blueberry der Öffentlichkeit vorgestellt.

DIESES PORTRAIT HÄNGT IN IHREM PRIVATEN BEREICH. ANDRE ZEIGEN SIE DER ÖFFENTLICHKEIT?

Ja, die anderen Bilder von Dieter haben wir vor einem anderen Hintergrund gekauft. Wir haben vor einigen Jahren das alte Thomas Mann Grundstück in München erworben und darauf entsprechend den Wünschen der Stadt und den baurechtlichen Möglichkeiten die Thomas Mann-Villa zumindest äußerlich rekonstruiert. Anlässlich des Neubezugs des Hauses hat Dr. Christoph Schreier vom Kunstmuseum Bonn eine Ausstellung kuratiert. Unter dem Motto eines Thomas Mann Zitats haben Künstler Arbeiten zur Verfügung gestellt bzw. angefertigt, in denen sie auf unterschiedlichste Weise Bezug zu Thomas Mann oder seinem Werk genommen haben. Für diese Ausstellung "Auf eigene Art" hat uns Dieter die Arbeiten "Spaziergang mit Vater" und "Der Mann, der versucht seinen Schatten zu übermalen" gegeben, die ich später erworben habe.

SIE HABEN ES FERTIG GEBRACHT, EIN UNVERKÄUFLICHES BILD VON DIETER MAMMEL, „SPAZIERGANG MIT VATER", ZU ERWERBEN. WIE IST IHNEN DAS GELUNGEN?

Ich glaube, es war neben der Freundschaft zu Dieter vielleicht auch so ein bisschen der Gesamtkontext "Thomas Mann". Er hatte ja eine sehr schwierige Beziehung zu seinen Kindern, vor allem zu seinen Söhnen. Dieter dachte vielleicht für sich, da ist das Bild ganz gut aufgehoben. Da passt es hin. Ich habe Dieter nie gefragt, wie eng oder wie problematisch die Beziehung zu seinem Vater war, aber ich glaube, dass er sich ein bisschen wiedergefunden hat, und das hat ihn dazu bewogen, es uns doch zu verkaufen.

EIN WEITERES WICHTIGES BILD IST "DER MANN, DER VERSUCHT SEINEN SCHATTEN ZU ÜBERMALEN". SIE HABEN DAS BILD AUF DER ART COLOGNE ENTDECKT, IN DER ZEIT, ALS SIE DIE THOMAS MANN-VILLA REKONSTRUIERTEN. GIBT ES EINE VERBINDUNG ZWISCHEN DER WAHL DES BILDES, WEIL DAS HAUS VIELLEICHT DEN "GEIST THOMAS MANNS" NOCH IN SICH TRÄGT UND DEN SCHATTEN DER VERGANGENHEIT, DIE DURCH DIE REKONSTRUKTION VERLOREN GEHEN?

Ja, das kann man sicher so sehen. Von außen entspricht die Villa weitestgehend dem historischen Original, wenngleich sie kein Original ist, allenfalls ein Schatten des Originals, wenn man so will. Innen haben wir allerdings ganz gezielt mit dem historisierenden Äußeren gebrochen, uns völlig vom Original gelöst und uns architektonisch-gestalterisch konsequent an der klassischen Moderne orientiert. Also einerseits wollten wir dem Genius Loci, sozusagen dem Schatten Thomas Manns gerecht werden, der ja hier eine ganz wesentliche Phase seines schriftstellerischen Schaffens verbracht hat, andererseits wollten wir seinen Schatten aber nicht dominant werden lassen, da wir ja Menschen sind, die im Hier und Jetzt leben. Diese Dialektik zwischen etwas unabdingbar mit einem Ort oder auch mit einer Person Verbundenem, wie z. B. der Vergangenheit oder einem Schatten und dem Neuen sich im Hier und Jetzt Befindlichen, bietet sich als Parallele zwischen dem Haus und der Arbeit von Dieter an.

KOMMEN SIE BEI IHREN VIELEN AKTIVITÄTEN EIGENTLICH DAZU, SICH VOR EIN BILD ZU SETZEN UND ES LÄNGER ZU BETRACHTEN?

Selbstverständlich schaue ich mir die Bilder oft und auch mit der notwendigen Ruhe an. Gerade die Vielschichtigkeit des Kontexts, in dem der "Spaziergang mit Vater" hängt, aber auch die Vielschichtigkeit in der künstlerischen Umsetzung erlauben mir und anderen Betrachtern einen Dialog mit dem Werk oder zumindest Ansatzpunkte für ausgesprochen lebendige Assoziationen: die Beziehung von Thomas Mann zu seinem Sohn, die Übermacht des Eltern-Ichs für die Entwicklung von Kindern, der Generationenkonflikt, das Spazierengehen im Herzogpark etc. ... Für mich ist diese Dialogfähigkeit mit Werken eine der Hauptmotivationen, mich mit Künstlern und ihrer Kunst zu beschäftigen. Nicht alle Kunstwerke erschließen sich mir auf diese Weise. Natürlich ist dies immer auch abhängig vom Betrachter und das ist wahrscheinlich auch der Grund, warum Kunst nie kontextunabhängig sein kann und bis zu einem gewissen Grade immer individuell bleiben muss.

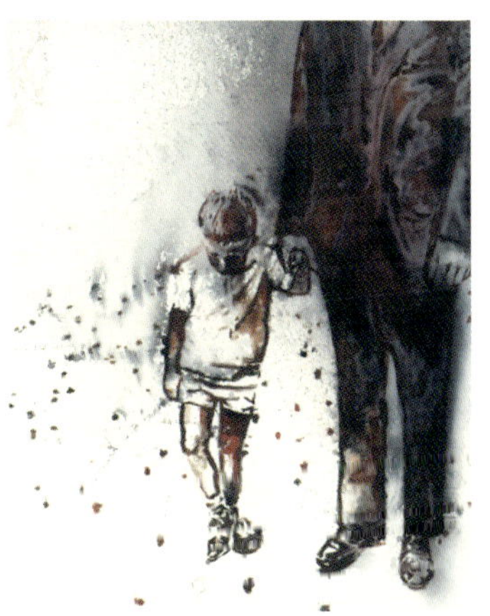

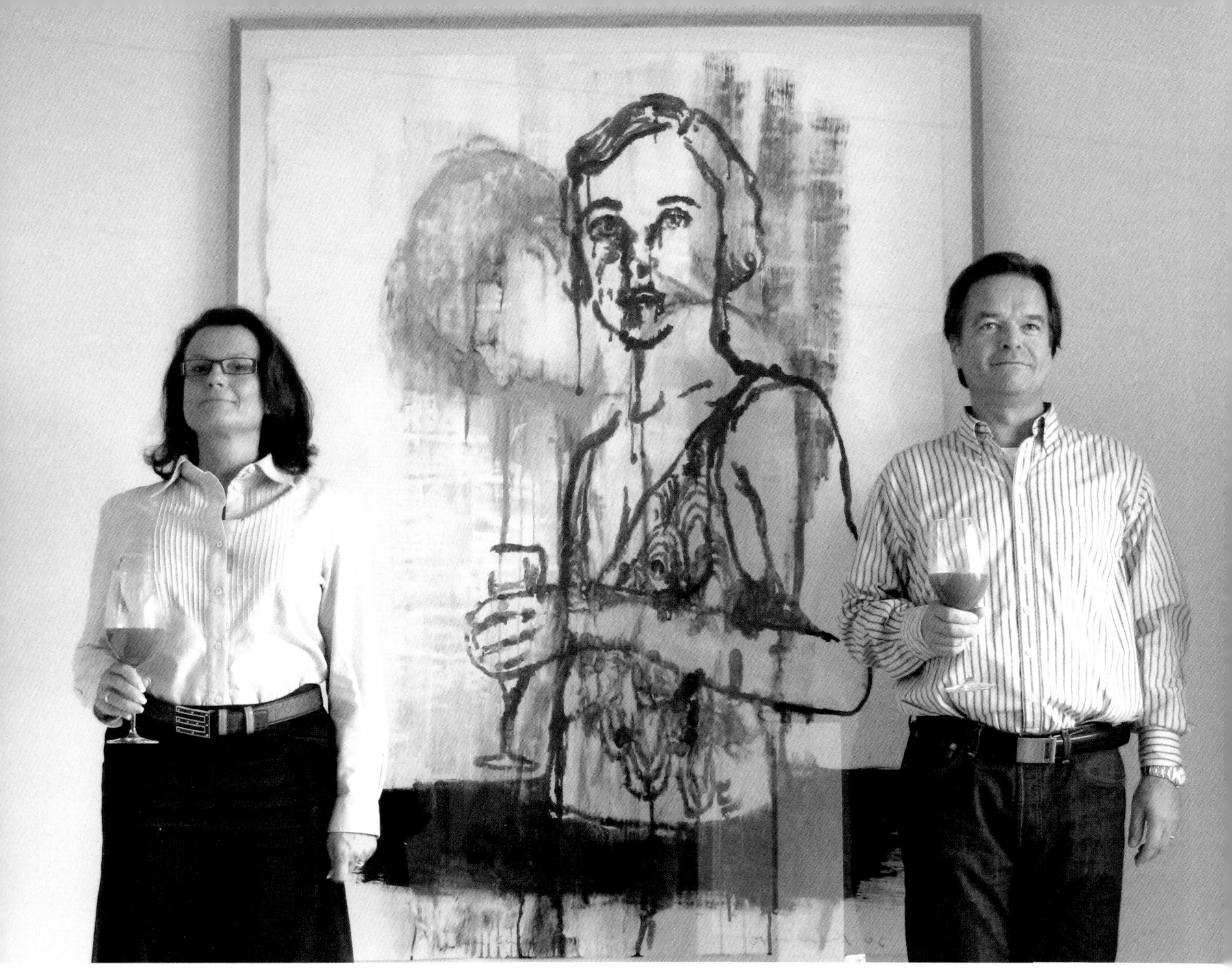

PLAYGIRL ODER VAMPIR?

STEPHANIE UND WOLFGANG BOHN LEBEN IN BONN UND BERLIN. DIETER MAMMEL UND SEINEN ARBEITEN BEGEGNETEN SIE ANLÄSSLICH DER AUSSTELLUNG „FAMILY WORKS" IM KUNSTMUSEUM BONN. SIE ENGAGIEREN SICH ALS MITGLIEDER DES FREUNDESKREISES DES KUNSTMUSEUMS BONN FÜR DEN ANKAUF VON WERKEN ZUR ERWEITERUNG DER SAMMLUNG, SO AUCH FÜR DEN ERWERB VON ARBEITEN DIETER MAMMELS. PRIVAT BESITZEN STEPHANIE UND WOLFGANG BOHN VIELE BE-MERKENSWERTE ARBEITEN DES KÜNSTLERS. IN FREUNDSCHAFTLICHER VERBUN-DENHEIT UNTERSTÜTZEN SIE DIE ARBEIT DES KÜNSTLERS DURCH VERMITTLUNG SEINER KUNSTWERKE AN ANDERE SAMMLER UND GALERIEN.

FRAU BOHN, WAREN SIE SCHON EIN-
MAL IN EINEM HAMAM?

Ja, als ich mit meinen Kindern das
erste Mal im Urlaub war nach meiner Scheidung, habe ich mir ein Ver-
wöhnprogramm gegönnt. Ich habe
das in bester Erinnerung, wie man
da so eingeseift und abgeschruppt
wurde und man den ganzen Ballast
hinter sich lassen konnte.

DAS BILD „HAMAM" WURDE IN BERLIN
GEMALT, IN ISTANBUL AUSGESTELLT
UND HÄNGT HEUTE BEI IHNEN – ALSO
WIEDER IN BERLIN. WIE KAM ES ZU
DIESER BILDREISE?

Wir haben Dieter Mammel in Istanbul aufgesucht, als er dort eine Ausstellung hatte. Als wir in die Räume
hereinkamen, fiel mein Blick auf dieses Bild „Hamam" und es passierte
etwas, was eigentlich ganz unge-
wöhnlich für mich ist. Ich war zu
Tränen gerührt. Ich war gar nicht
von dem Gedanken beseelt „Das
muss ich besitzen!", sondern hatte
eher das Gefühl „Das ist so ein su-
pertolles Bild, das muss der Welt
zugänglich sein". Es war auf meh-
reren Messen und es gab auch In-
teressenten und doch kam es dann
zu uns, denn ich glaube, dass der
Galerist ein bisschen gehemmt war,
es an jemand anderen zu verkaufen, und so hängt es jetzt bei uns in
Berlin im Schlafzimmer.

WAS SAGEN SIE ZU DEM MANN IM
ANZUG, DER AUF STELZEN DURCH
EIN FRAUENBAD STEIGT?

Ich denke, das ist eine sehr interessante Person. Das Bild „Hamam"
greift ja zurück auf eine Vorlage
von Ingres, da fehlt natürlich dieser
Mann auf Stelzen. Dadurch ist das
Bild nicht eine Kopie oder Nach-
ahmung, sondern etwas typisch
„Mammeliges".

EINE DER GRÖSSTEN ZEICHNUNGEN
DIETER MAMMELS, „DEIN BLUT",
HÄNGT IN IHRER KÜCHE. DER TITEL
GIBT JA EINEN HINWEIS AUF EINEN
ANDEREN SAFT ALS DEN IM SEKT-
GLAS DARGESTELLTEN. WAS ASSO-
ZIIEREN SIE MIT DER DARGESTELLTEN
FRAU. PARTYGIRL ODER VAMPIR?

Herr Bohn: Bei den beiden Varian-
ten würde ich das Partygirl nehmen,
weil ich es doch als eine angeneh-
mere Assoziation empfinde. Es ist
ja immer ganz gut, wenn man freu-
dige, angenehme Assoziationen mit
den Bildern hat.

Frau Bohn: Das Bild, das wir in der
Küche in Berlin haben, ist ja nun in
Blau gemalt. Deshalb hat es für mich
weder etwas mit Partygirl noch mit
Vampir zu tun. Bei Blut denke ich
eher an Blutsbrüderschaft und evtl.
noch an das Blut Christi, was man
ja auch aus so einem Kelch trink.
Vampir – dieser Gedanke liegt mir
eigentlich ganz fern.

BEGONNEN HAT DIE BEGEGNUNG
MIT DIETER MAMMELS KUNST IM
KUNSTMUSEUM BONN, WO SEINE
FAMILIENBILDER AUSGESTELLT WUR-
DEN. WIE BESCHREIBEN SIE ALS
KUNSTHISTORIKERIN DIETER MAM-
MELS KÜNSTLERISCHE ENTWICK-
LUNG VON DEN ANFÄNGEN, Z.B.
DEN „NATURAL INSTINCT" ARBEITEN,
DEN „LANDSCAPES", DEM „FAMILY
WORKS" ZYKLUS BIS HIN ZUM AKTU-
ELLEN „BLUEBERRY CYCLE"?

Frau Bohn: Ja, ich denke, dass man
Werkgruppen erkennen kann, und
er fasst es ja auch selber so in den
Titeln zusammen. Für mich persönlich ist die Serie „family works"
eine sehr interessante Werkgruppe,
weil er sich sehr mit seiner Kind
heit auseinandergesetzt hat. Denn
auch formal sind die Bilder ja so,
dass man sie im eigenen Fotoal-
bum haben könnte.

DER ENTSCHEIDENDE PUNKT WAR,
SICH DEM MENSCHEN ZUZUWEN-
DEN.

Ja, genau. Eigentlich war das Thema Mensch schon immer da. Bei
den abstrakten Bildern konnte man
es nicht so fassen. Aber als er z. B.
bei den Landschaften seinen Schulweg festgehalten hat, da ging es
ihm ja nicht um die Landschaft,
sondern um das Erinnern an seinen
Schulweg und seine Zeit als Kind.
Ich denke, es ist eine kontinuier-
liche Entwicklung. Jetzt, in den letzten „Blueberry" Bildern steht vielleicht die formale Verzerrung mehr
im Vordergrund, aber es sind immer noch die gleichen Themen.

SEINE BILDER STELLEN IN DER SAMM-
LUNG DES KUNSTMUSEUMS BONN
NEBEN OLAV CHRISTOPHER JENS-
SEN UND KATHARINA GROSSE EINE
WICHTIGE KÜNSTLERISCHE POSI-
TION DER GEGENWARTSKUNST DAR.
WIE WÜRDEN SIE DIETER MAMMEL
IN DER ZEITGENÖSSISCHEN KUNST
EINORDNEN. WELCHEN KÜNSTLE-
RISCHEN ANSATZ VERTRITT ER?

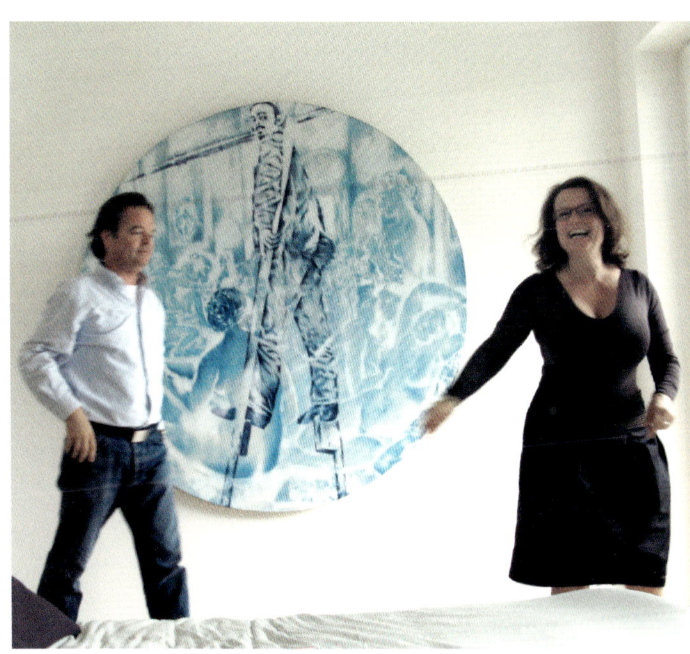

Wenn man ihn im Verhältnis sieht,
zu Jenssen und zu Grosse, dann
fällt sicherlich auf, dass er figurativ
arbeitet und seine Bilder realistisch
sind. Auf der anderen Seite arbeitet er aber auch monochrom. Und
das gibt sicherlich die Verbindung
zur abstrakten Malerei. Da ist man
dann wieder beim Film oder der Fotografie. Dieter ist sehr talentiert
und begabt, realistisch zu malen.
Auch Portraits. Aber in der Auflö-
sung seiner Motive zeigt sich, wie
sehr er doch Maler ist, der sich mit
dem Thema Farbe auseinandersetzt.

SIE HABEN BEIDE AN DAS KUNST-
MUSEUM BONN BILDER VON DIETER
MAMMEL ALS LEIHGABE GEGEBEN.
WIE KANN MAN SICH VON SEINEN
BILDERN TRENNEN UND WAS WAR
IHRE MOTIVATION?

Wir haben Leihgaben gegeben, wir
haben aber auch ein Bild an das
Kunstmuseum Bonn geschenkt, also wirklich übereignet.

Herr Bohn: Es war der Ansatz, die
Bilder der Öffentlichkeit zugänglich
zu machen. Museen haben immer
Etat-Probleme. Deswegen war es
unser Wunsch, dem Museum Bilder
von Dieter Mammel zur Verfügung
zu stellen, damit diese im Bestand
sind und ausgestellt werden.

SEHEN SIE EINEN UNTERSCHIED ZWI-
SCHEN IHNEN BEIDEN IN DER RE-
ZEPTION DER BILDER? WIE WÜRDEN
SIE, HERR BOHN, IHREN ZUGANG BE-
SCHREIBEN?

Herr Bohn: Da sind wir definitiv ver-
schieden. Ich bin kunsthistorisch
Autodidakt und mit meiner Frau zusammen jetzt sehr viel mehr als
früher in Sachen Kunst unterwegs.
Mein erster Ansatz ist immer „Gefällt es mir oder gefällt es mir nicht?"
Aber die Auswahl der Bilder ist sehr
stark durch das Urteil meiner Frau
beeinflusst.

Frau Bohn: Das freut mich sehr zu
hören.

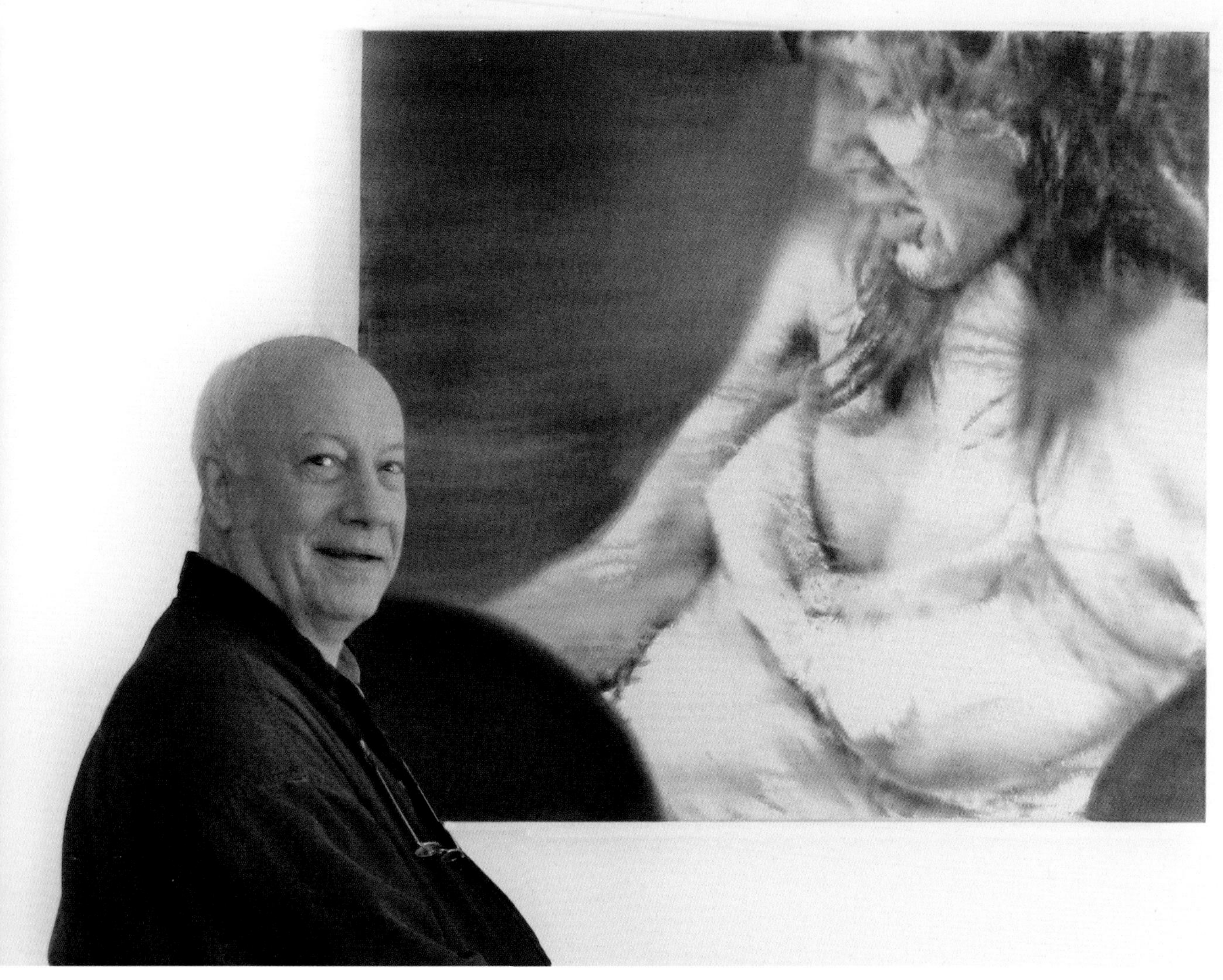

KANN KUNST SÜCHTIG MACHEN?

ECKHARD FRANZ LEBT IN BERLIN UND VERFÜGT ÜBER EINE UMFANGREICHE SAMMLUNG VON BILDERN UND ZEICHNUNGEN -AUCH AUS FRÜHEN PHASEN- VON DIETER MAMMEL. ER BEGLEITETE DIETER MAMMEL ZU SEINEN WICHTIGEN AUSSTELLUNGEN IN NEW YORK, ATHEN UND ISTANBUL. SEIT FÜNFZEHN JAHREN VERBINDET BEIDE EINE ENGE FREUNDSCHAFT.

KANN KUNST SÜCHTIG MACHEN?

Das Sammeln der Kunst auf jeden Fall. Mein Zugang zur Kunst ist für mich etwas sehr Persönliches. Denn die Kunst sehe ich als Ausdruck einer sehr intimen Denk- und Sehweise, in die ich eindringe, je mehr ich mich mit dem Kunstler beschäftige. Dieters Bilder haben bei mir eine Sogwirkung ausgelöst. Dadurch verstand ich ihn und seine Bilder immer besser. Auf diesem Weg fing ich an, sie zu lieben. Ich wollte sie besitzen, um sie um mich zu haben, um mit ihnen zu leben.

WIE ENTSCHEIDEN SIE SICH FÜR DAS EINE ODER ANDERE BILD, MIT DEM SIE LEBEN WOLLEN ?

Die Entscheidung entwickelt sich im Bauch und braucht seine Zeit. Seit ich Dieter kenne, ist mein Kunstverständnis gewachsen, auch zu anderen Künstlern. Wenn man eine Sache begreift und sich mit ihr leidenschaftlich auseinandersetzt, dann erweitert sich der Blickwinkel und verstärkt sich die Neugier. Das kann die Neugier auf ein Bild sein oder auf ein Erlebnis

ICH BIN NEUGIERIG, WELCHES ERLEBNIS SIE MIT IHREM BILD „DER ABSCHIED" VERBINDEN.

Das ist das Bild, das sich meine verstorbene Frau Rita noch vor ihrer Krankheit in Dieters Atelier ausgesucht hat. Dieter hat es ihr dann, als sie bettlägerig wurde, im Schlafzimmer aufgehängt. Rita und ich kannten den Titel des Bildes nicht.

WENN ICH MICH HIER UMSEHE, HABEN SIE NACH MEINER EINSCHÄTZUNG MIT DIE GRÖSSTE SAMMLUNG VON DIETER MAMMELS BILDERN.

Ehrlich? Mein Ziel ist es, nachdem mich nun alle Sammler nennen und ich fast schon glaube einer zu sein, dass meine Sammlung die verschiedenen Phasen von Dieters Malerei widerspiegelt. Ich würde gerne noch so manches Bild erwerben. Ich helfe ihm ja wieder bei seinem Umzug in einen größeren Lagerraum bei Hertling. Dann sehe ich wieder einiges und mache mir dann ein kleines Kreuzchen.

UBER DIE BESUCHE IN SEINEM ATELIER HINAUS VERFOLGEN SIE ALLE AUSSTELLUNGEN VON DIETER MAMMEL. SIE WAREN IN NEW YORK DABEI, ALS ER DORT ERSTMALS IN DER GOLDSTROM GALLERY AUSSTELLTE.

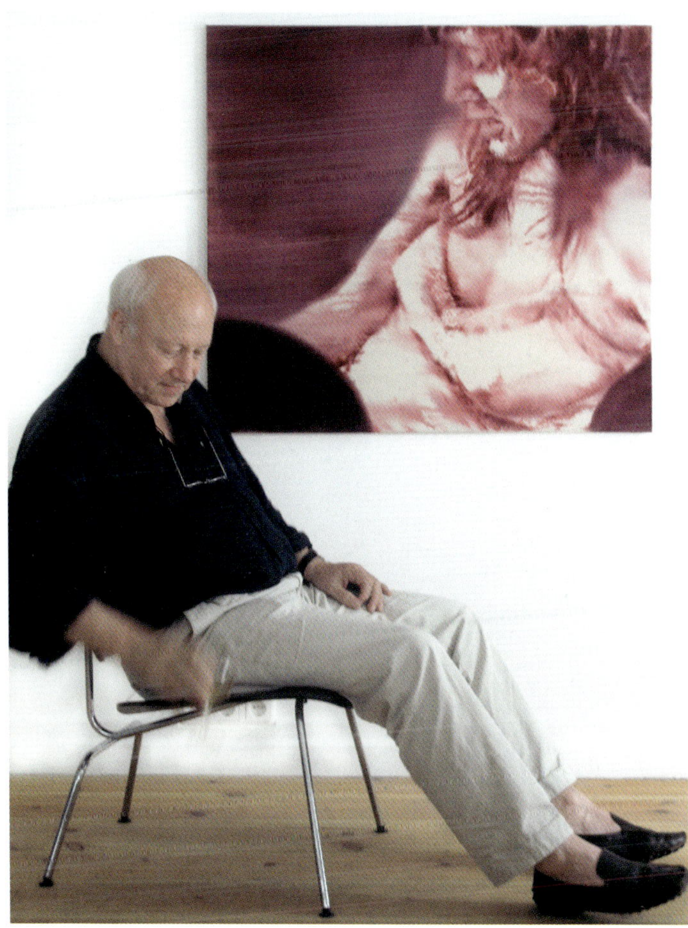

In New York, Athen oder Istanbul bin ich zu der Erkenntnis gekommen, dass ich, obwohl weit gereist, durch die Bilder immer noch zuhause bin. Mit dem Unterschied, dass ich bei den Eröffnungen immer gestört werde durch die sekthaltenden Vernissagetussen, die sich zwischen die Bilder und mich schieben. Dann versteck ich mich lieber hinter meinem Fotoapparat und halte Situationen fest, die ich später Dieter in Form eines Albums schenke.

GIBT ES IM AUGENDLICK EIN BILD VON DIETER MAMMEL, DAS SIE GERNE ERWERBEN WÜRDEN ?

Oh ja, nicht nur eins. Zum Beispiel das neue Bild „Der Schmerz". Das Bild hat mich sofort berührt. Ein Bild, dass mich nicht loslässt. Es traf auf meine eigene Situation und direkt meine Gefühle. Dieter hat für mich damit das emotionalste Bild geschaffen, das ich bisher bei ihm gesehen habe. Hoffentlich hat er das Bild noch nach Ihrer Ausstellung.

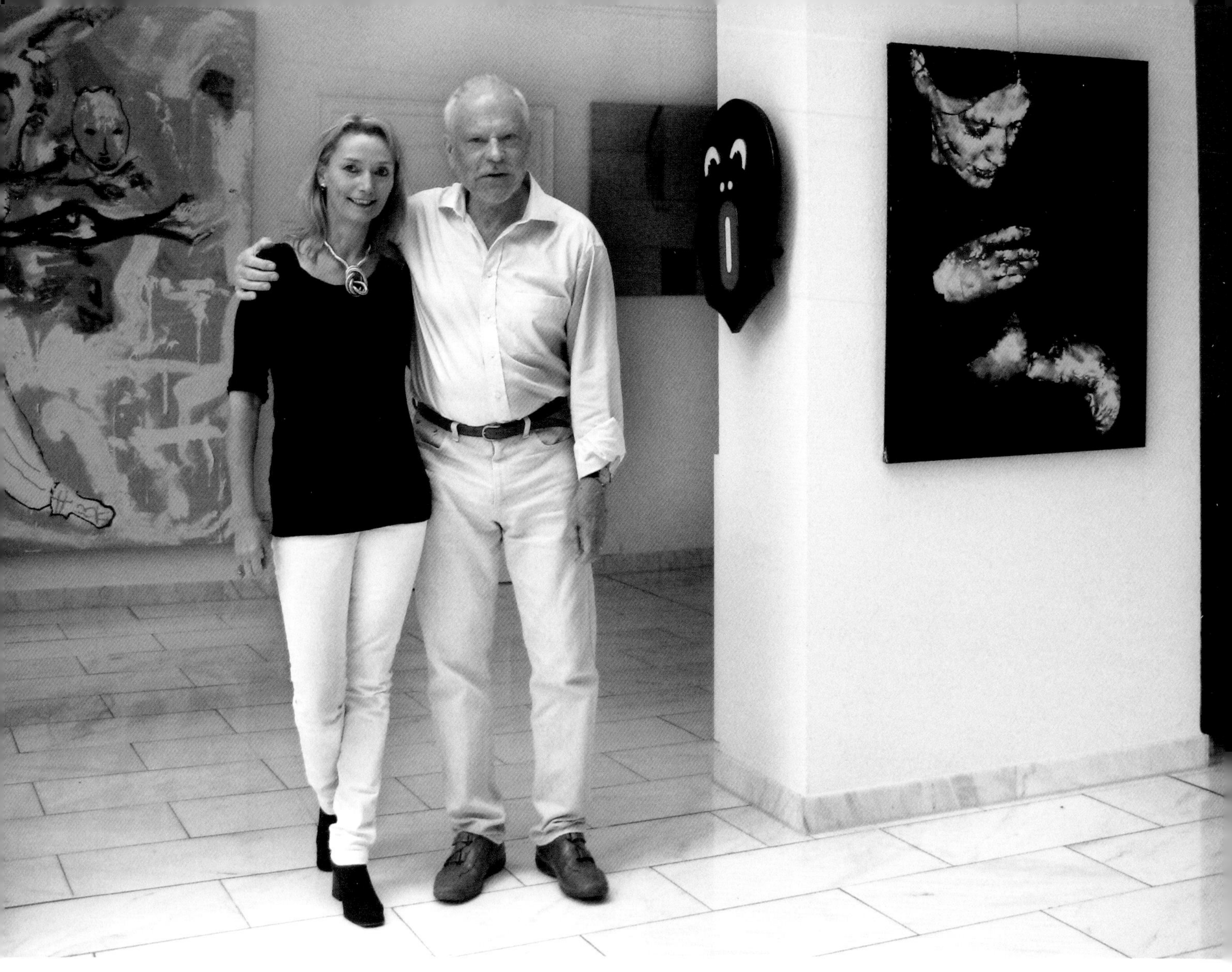

WIE PRIVAT KANN KUNST SEIN?

DAS EHEPAAR GROSSMANN LEBT IN BAD SODEN BEI FRANKFURT AM MAIN UND SAMMELT SEIT DREI JAHRZEHNTEN ZEITGENÖSSISCHE KUNST. ZU DEN SAMMLUNGSSCHWERPUNKTEN MIT WERKEN VON MARKUS LÜPERTZ, CHRIS NEWMAN UND ANTON HENNING GEHÖREN SEIT 1998 WERKE VON DIETER MAMMEL. SEITDEM SIND SIE MIT DIETER BEFREUNDET. MANFRED GROSSMANN TEILT MIT IHM NICHT NUR DIE LIEBE ZUR MALEREI, SONDERN AUCH ZUR LITERATUR UND MUSIK.

HERR GROSSMANN, IST MALEREI EIGENTLICH NOTWENDIG, BRAUCHEN WIR SIE ZUM LEBEN?

Ja, unbedingt. Wir haben relativ wenige Möglichkeiten, die Welt zu erfahren, und eine der intensivsten und auch tiefgehensten ist zweifellos die Malerei.

WIE „PRIVAT" KANN KUNST SEIN?

Kunst ist erstmal etwas Objektiviertes, ist für jedermann sichtbar. Jeder nimmt sie anders wahr und da fängt die Privatheit an. Meine Art, Bilder zu sehen, ist mit Sicherheit meine ureigenste, meine private. Unsere Sammlung von Bildern, über die sich wohl viele Menschen den Kopf zerbrechen, was das denn eigentlich soll, ist für uns ganz maßgeblich Ausdruck unserer Privatheit.

WIE WÜRDEN SIE DIE POSITION DIETER MAMMELS KUNST IN IHRER SAMMLUNG BESCHREIBEN?

Für mich ist er sehr wichtig in dieser Sammlung, aber es beschäftigt mich auch eine andere Art von Malerei sehr intensiv: Chris Newman oder die frühen Bilder von Carsten Nicolai, Robert Rehfeldt oder Sati Zech. Nur hat Dieter Mammel etwas sehr Nahegehendes. Er erfasst mehr als die anderen Maler. Er stellt auch über seine Bilder und seine Person eine ganz menschliche Beziehung her. Und das ist etwas, was mich sehr nahe an ihn heranführt.

UND AUF DEM KUNSTMARKT?

Er entwickelt sich langsam, beinahe zu langsam. Aber es ist auf einem sehr guten Weg. Er ist auf dem Weg, sich auf dem Markt zu behaupten und durchzusetzen.

Krohn-Großmann: Man hat manchmal den Eindruck, er ist im Ausland bekannter als in Deutschland.

Ja, das habe ich auch beobachtet. Und das liegt wohl daran, dass Deutsche von der Malerei eine ganz andere Vorstellung haben. Sie sind nicht bereit, ihre persönlichen Probleme oder Gefühle in der Malerei zu suchen. Deswegen hat er es hier wahrscheinlich besonders schwer. Man kann nur sehr große Maler mit ihm vergleichen. Francis Bacon z.B., der die gleiche Problematik darstellt, aber auf eine ganz andere Art. Er hat nicht diese Menschlichkeit, die Dieter Mammel hat. Was er dargestellt hat, war sein persön-

liches Chaos und seine Ausgesetztheit in der Welt und daran ist er ja auch sehr schnell zerbrochen.

SIE KENNEN DIETER MAMMEL SEIT SEINEM ERSTEN STIPENDIUMAUFENTHALT IM KÄUTZCHENSTEIG UND ALS KÜNSTLER DER GALERIE JOHANNES ZIELKE, EINER DER ERSTEN PRIVATEN GALERIEN IN BERLIN MITTE. WAS HABEN SIE AM ANFANG VON IHM GEHALTEN?

Am Anfang fand ich ihn ganz interessant, wie er unbefangen und in seinen Assoziationen herumstochernd seine Bilder produzierte. Das sah vielversprechend aus. Was mich fasziniert hat, war, dass eine Entwicklung in seinen Bildern zu sehen war. Er war ständig dabei, seine Grenzen zu überschreiten, sich neue Themenbereiche zu suchen. Z. B. der Schritt über die konkreten Assoziationen in Form von Landschaftsstücken oder Ähnlichem, oder die Geschichten, die er über seine Großeltern und seine Schulzeit erzählt hat, hin zu der Darstellung von der Emotionalität in seiner Familie. Und das ist eine Intensivierung und eine Verabsolutierung von Malerei, die für mich sehr beeindruckend ist. Noch ein Faszinosum ist, dass Dieter Mammel Techniken immer gerade dann findet, wenn sich seine Form von Malerei auch inhaltlich ändert.

DIE TECHNIK GEHT MIT DER INHALTLICHEN AUSSAGE KONFORM. GERADE BEI DEN AKTUELLEN BILDERN FLIESSEN DIE EMOTIONSSTRÖME UND ERINNERUNGEN UND GEDANKEN.

Das ist eine Geschichte, die mich sehr verblüfft. Das Fließende, die Wellenform, die den Versuch unternimmt, obwohl Malerei ja Fixierung bedeutet, Bilder zu schaffen, die man von unterschiedlichen Blickwinkeln völlig unterschiedlich erfahren kann. Mir war das zu technisch und ich verstand nicht, warum er auf einmal so etwas macht. Monate später zeigte er mir dann ein Bild, das mit dieser Technik die Verzweiflung einer Frau so unmittelbar zeigte, dass ich völlig erschüttert war.

VIELLEICHT LIEGT EIN SCHLÜSSEL IN DER FARBE. ES SIND JA MONOCHROME BILDER, DIE AUS DEM HELLDUNKEL, LICHT UND SCHATTEN LEBEN. DIE AQUARELLTECHNIK LÄSST

VIELE SCHATTIERUNGEN ZU. ER WANDERT IM ENTSTEHUNGSPROZESS UM DIE BILDER HERUM, DIE AUF DEM BODEN LIEGEN. ER IST IM FLUSS, DIE GEDANKEN UND DAS MEDIUM SIND AUCH IM FLUSS.

Aber die Frage, warum er zur Aquarelltechnik griff, beschäftigt mich noch immer. Das hat er auch systematisch trainiert. Er hat einfach inzwischen die Fähigkeit, dass er sich ein Bild so präzise vorstellen kann. Das ist eine besondere Naturbegabung, dass man Bilder im Kopf haben und sie dann unmittelbar übertragen kann.

SIE BESITZEN DÜSTERE FAMILIENBILDER WIE „DIE HOCHZEIT". WESHALB HÄNGT KEINS DIESER BILDER IN IHREM HAUS ?

Krohn-Großmann: Wenn Bilder eine zu intensive Geschichte zeigen, die entlarvend und eher depressiv machend sind, brauchen sie zu viel Raum für sich und haben auch eine gewisse Aufdringlichkeit und ich finde diesen Raum kann man ihnen im Alltag nicht geben. Sie brauchen ein Zimmer für sich alleine.

WAS DENKEN SIE ÜBER DIETER MAMMEL ALS MENSCH?

Dieter ist ein sehr guter Freund geworden. Wir sind unterschiedlich. Dieter ist ein Mensch, der sehr ungezwungen und offen durchs Leben geht, wohingegen ich eher zur Depressivität neige. Aber dadurch ist er mir auch sehr wertvoll. Er holt mich locker aus meinen Stimmungen heraus. Wir haben zusammen meistens viel Spaß.

DER JAZZMUSIKER JAMIE CULLUM UND DER AUTOR VON „EXTREM LAUT UND UNHEIMLICH NAH", JONATHAN SAFRAN FOER, WERDEN VON IHNEN BEIDEN GESCHÄTZT. SEHEN SIE DA EINE VERBINDUNG VON DIESEN KÜNSTLERN ZU DER MALEREI BZW. DER KUNST VON DIETER?

Ja, dieses neue Buch von Safran Foer ist ein sehr emotionales und intimes Buch, in dem sich der Autor mit dem Tod seines Vaters im World Trade Center auseinandersetzt und versucht, auf alle möglichen Arten und Weisen, diesen Vater wieder auferstehen zu lassen und ihm nahezukommen. Das geht soweit, dass er ihn ausbuddelt und feststellt, dass in dem Sarg nichts drin ist. Das ist ein anderes Thema,

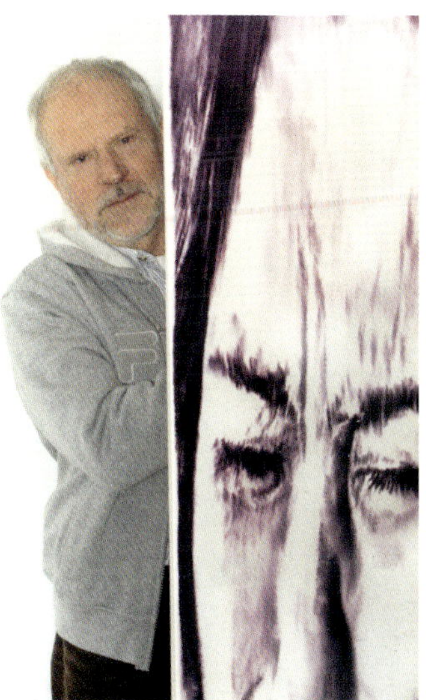

als Dieter es hat - zum Glück. Aber es ist die gleiche Art und Weise, in der Arbeit mit eigenen Themen emotional umzugehen. Und auch dieses Gestalterische, was der kleine Junge macht mit der Trauer, hat etwas sehr malerisches.

UND JAMIE CULLUM?

Krohn-Großmann: Er kann Musik fantastisch in Bewegung umsetzen, sehr tänzerisch.

WOMIT WIR WIEDER BEI DIETER SIND.

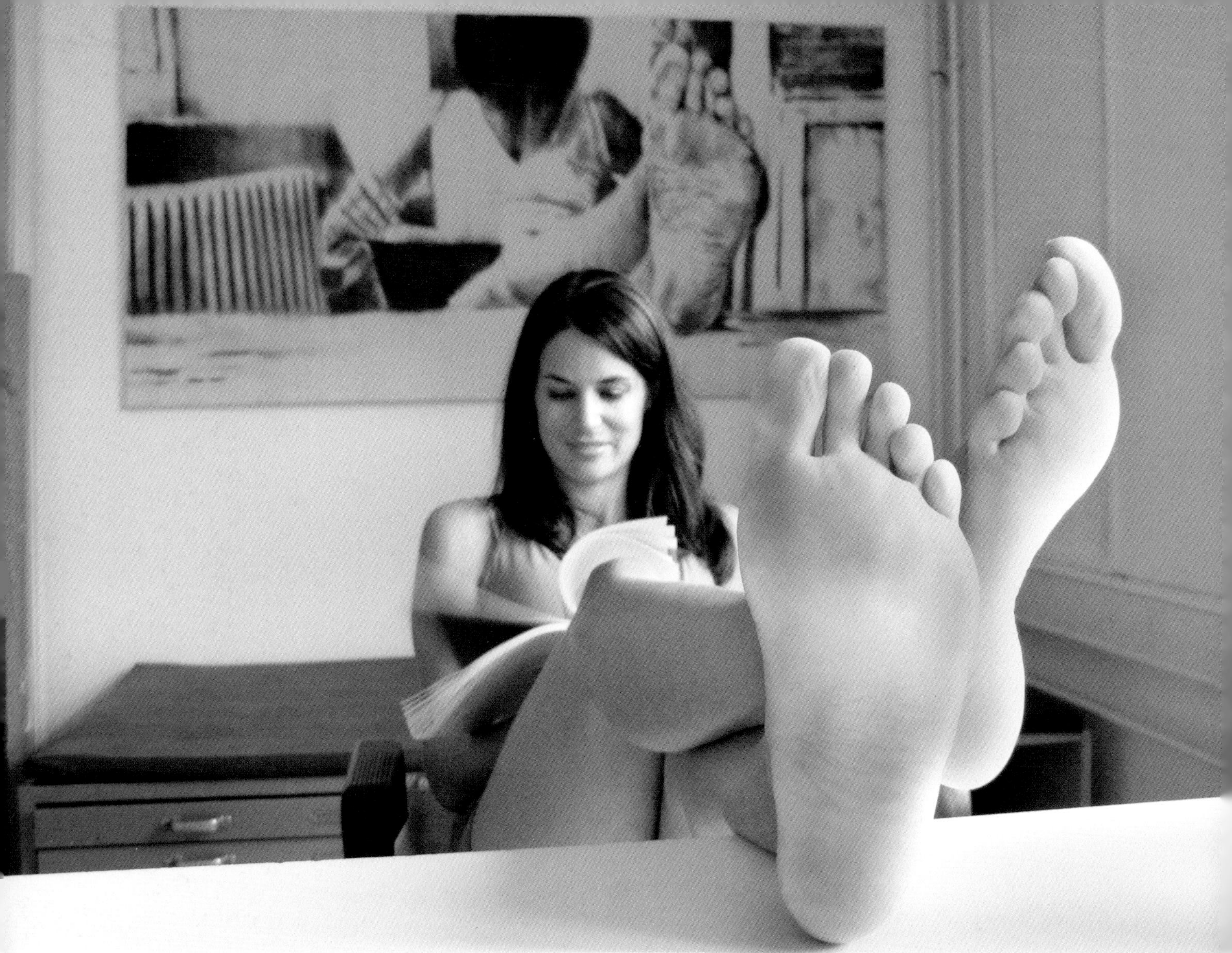

WÄREN SIE GERN SCHNEEWITTCHEN?

MARTINA KOFLER LEBT ALS ZAHNÄRZTIN IN FRANKFURT AM MAIN, HAT EINEN 5 JÄHRIGEN SOHN CEDERIC UND KENNT DIETER MAMMEL SEIT SECHS JAHREN. MARTINA KOFLER HAT ZUERST AUS DER SERIE" FAMILY WORKS" DAS BILD „DIE BEINE DER TANTE" ERWORBEN UND SICH ANSCHLIESSEND MEHRMALS VON DIETER MAMMEL MALEN LASSEN.

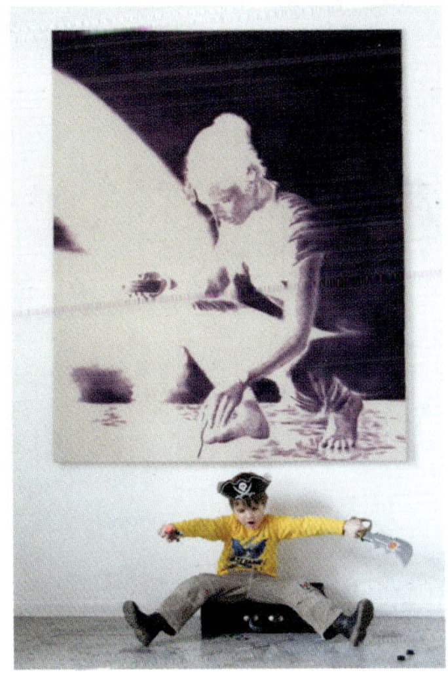

IHR SOHN CEDERIC SPIELT GERNE PIRAT. WÄREN SIE GERNE SCHNEEWITTCHEN?

Ich bin Schneewittchen.

SEHEN SIE SICH IN DEM SCHNEEWITTCHENBILD VON DIETER MAMMEL VERTRÄUMT ODER VERGIFTET?

Ich sehe mich verträumt und hoffnungsvoll in die Zukunft blickend.

WIE SEHEN SIE SICH IN DEN PORTRAITS. ERKENNEN SIE SICH DARIN WIEDER?

In den Portraits entdecke ich meine Lebenssituation, wie sie sich in den letzten sechs Jahren widergespiegelt hat. Das erste Bild, das Dieter damals von mir gemalt hat, entstand in einer Zeit, in der es mir nicht gut ging. Das Bild war so extrem, dass ich es zuerst nicht kaufen konnte, weil ich fast geweint habe, als ich es das erste Mal gesehen habe. Er hat es geschafft, mein Unterbewusstes ans Tageslicht zu bringen. Er hat mich in einer Situation gezeigt, die ich zu diesem Zeitpunkt selbst nicht wahrgenommen habe. Die Malerei war fast wie eine Art Wahrsagung. Diese Portraits sind für mich Lebenszeit. Sie sind für mich fast so intim wie ein Tagebuch.

EIN PORTRAIT KANN ALSO SEHR PRIVAT SEIN.

Ja, denn es ist eine unglaubliche Nähe, die in diesem Moment zwischen dem Künstler und dem Portraitierten aufkommt, und die ist teilweiser noch intimer, als sie in einer intimen Beziehung sein kann, weil der Künstler einem wirklich in

die Seele blickt. Man ist nicht in der Lage, sich davor zu verschließen. Das ist die Magie, die dann in diesen Bildern ist und von denen man überwältigt wird. Auf jeden wirken diese Bilder. Aber diejenigen, die mich und meine Geschichte kennen, stehen genauso wie ich mit dieser Emotion davor. Es geht nicht nur um mich, sondern Dieter ist auch in der Lage, das an Dritte weiterzugeben. Und das ist eine unglaubliche Kunst.

SIE WURDEN MEHRMALS VON DIETER MAMMEL GEMALT. WIE KAM ES DAZU?

Der Anlass des ersten Bildes war der 40. Geburtstag meines Mannes. Ich habe ihm damals diese Bilder zum Geschenk gemacht.

SIE WURDEN AUSSCHLIESSLICH IN MAGENTA ODER BLUEBERRY GEMALT. WARUM?

Das war Dieters Entscheidung. Ich kam damals in diesen künstlerischen Malphasen zu ihm. Der Übergang von Magenta zu Blueberry ist eigentlich eine schöne Parallele zu meinen Lebensphasen. Die Magenta Bilder sind unheimlich ausdrucksstark, aber die Blueberry Bilder haben für mich eine ganz andere Qualität und eine ganz andere Tiefe. Genauso empfinde ich auch mein Leben. Die Farbe hat Dieter für mich ausgesucht, ohne meinen Einfluss.

IHR KOPF IST AUF DEM PORTRAIT NUR SCHEMENHAFT ZU ERKENNEN. ICH WÜRDE ES EHER ALS EIN PORTRAIT IHRER FÜSSE BEZEICHNEN. WAS HABEN SIE GEDACHT, ALS SIE DAS BILD ERSTMALS SAHEN?

Dieses Bild ist in Anlehnung an die Skizzen zu meinem Portraitauftrag von 2004 entstanden. Es zeigt meine persönliche Weiterentwicklung. Die Trennung von meinem Mann, für den ja die ersten Bilder bestimmt waren, haben mein Leben stark erschüttert. Mitlerweile stehe ich wieder fest mit beiden Beinen im Leben. Die dominanten Füße im Bild drücken das für mich aus. Und außerdem: Wer mich gut kennt, erkennt mich auch an den Füßen! Ich glaube, dieses Bild ist eines der ersten Bilder, welches im Frankfurter Atelier entstanden ist. Es hing bei meinem ersten Besuch an der Wand und hat auf mich gewartet.

KÖNNEN SIE SICH VORSTELLEN, SICH VON DIETER MAMMEL AUCH MIT FÜNFZIG ODER SECHZIG MALEN ZU LASSEN?

Ich würde mich in jedem Fall wieder malen lassen. Ich glaube, wenn man sich in diesem Alter nicht mehr malen lassen kann, hat man viel falsch gemacht. Diese Bilder zeigen nicht die oberflächliche Schönheit. Es geht um Lebensphasen und das Innere, die Seele eines Menschen. Um das widerzuspiegeln, spielt Alter keine Rolle. Und insofern glaube ich, dass man sich in dem Moment, in dem man sich malen lässt, seinem Leben auch stellt.

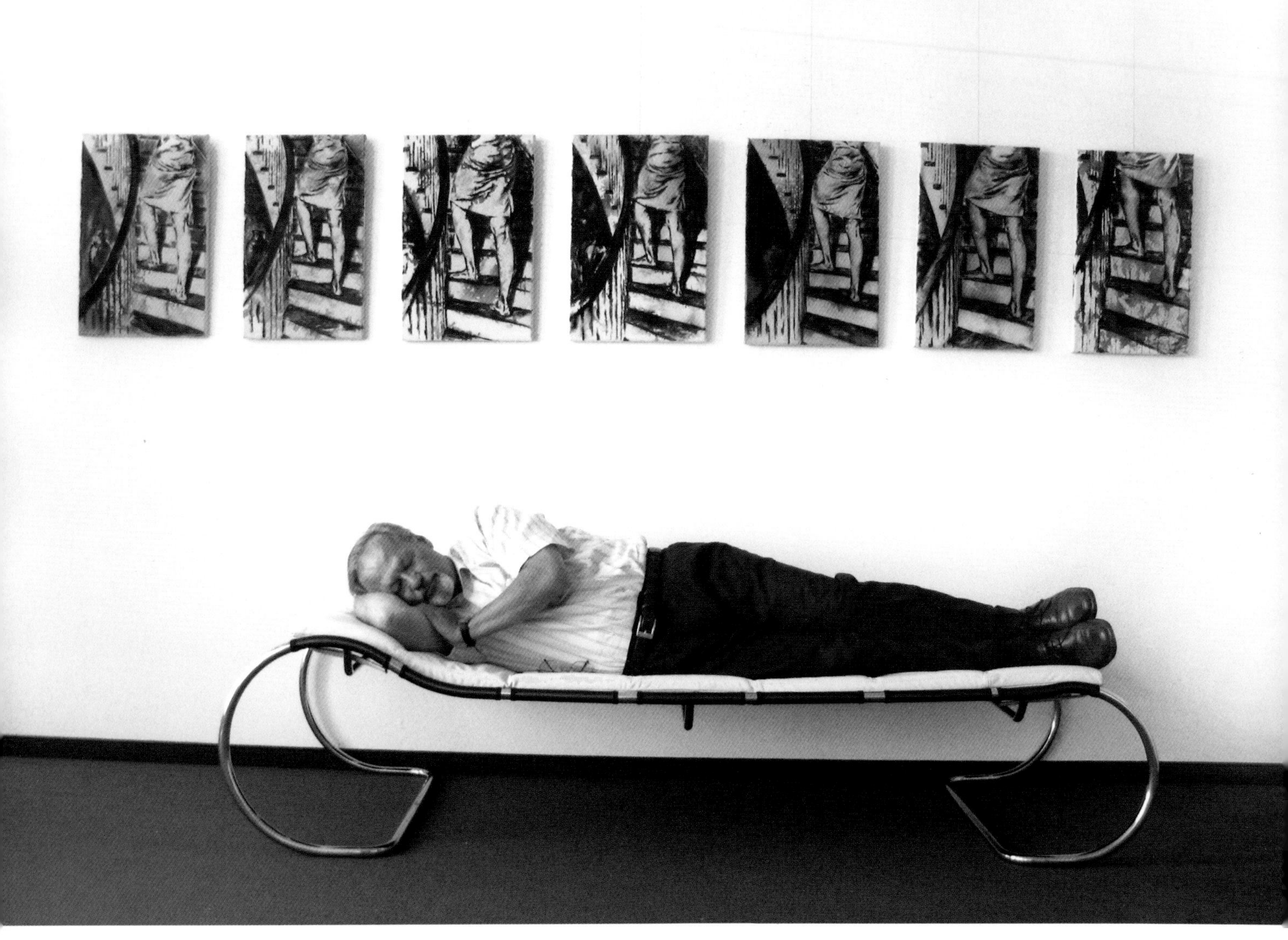

HERR GUTSCHICK, HABEN SIE EIN GEHEIMNIS?

DIETER GUTSCHICK IST GESCHÄFTSFÜHRER DER AKTION MENSCH. ER LEBT MIT SEINER FRAU MARIANNE IN DER NÄHE VON BONN. MIT DEM BOOTSBILD „DAS GEHEIMNIS" BEGANN DIE SAMMELLEIDENSCHAFT. DIETER GUTSCHICK ERWARB EINIGE WERKE FÜR DIE ZENTRALE VON AKTION MENSCH IN BONN SOWIE FÜR DEN „PRIVATGEBRAUCH".

Wie jeder Mensch habe ich Ge-
heimnisse - aber ich habe das „Geheimnis". Es ist das Bild von Dieter
Mammel, das mir als erstes ins
Auge sprang, als ich im Sommer
2004 das erste Mal den Künstler
in seinem Atelier im Käuzchensteig
begegnet bin, d. h. Dieter Mammel
und das „Geheimnis" habe ich zeit-
gleich kennengelernt und durch das
Bild über den Künstler viel erfahren. Denn Dieter Mammels Werke
haben den psychologischen Blick,
sodass man aus den Bildern dann
Assoziationen schöpft und entwickelt. Für mich liegt im Bild deshalb
ein Geheimnis, weil die Frau, die
vorne im Boot sitzt, ein bisschen
steif und unbeteiligt in eine andere
Richtung schaut und den Mann, der
sich am Heck zu schaffen macht,
bewusst oder gezielt ignoriert. Was
er macht, kann sowohl das Anwer-
fen des Motors als auch ein Mord
sein. Übrigens kam mir gleich beim
ersten Betrachten dieses Bildes
die Assoziation von „Blow-up", bei
dem es ebenfalls um die Frage von
Verdacht und Realität, Wahrnehmung und Irritation geht. Und da
Dieter ein großer Cineast ist, liegen
solche Parallelen nicht fern.

Dieter Mammel hatte im Käuzchensteig eine Empore mit seinem Bett.
Über dem Bett hingen die sieben
gleichartigen, aber doch unterschiedlichen Bilder, die die Beine
der Tante aus der Perspektive des
elfjährigen Dieters zeigen, die er
selbst verinnerlicht hat. Interesse
ausgelöst hat bei mir die Geschichte, dass er „Die Beine der Tante"
schon einmal verkauft hatte, aber
dann wieder zurücknehmen musste, weil der Käufer eine eifersüchti-
ge Frau hatte, die es nicht ertragen
konnte, dass er sich mit vierzehn
Beinen einer fremden Dame beschäftigt. Dies ist durchaus nach-
zuvollziehen; denn ich finde, von
diesen Beinen geht Erotik aus. Und
ich habe das Gefühl, dass hierdurch
manches dienstliche Gespräch po-
sitiv beeinflusst wird.

Ich erinnerte mich an Bergmanns
Film „ Das Schweigen". Ein kleiner
Junge betrachtet die Beine seiner
Tante. Dieser Junge sagt zu seiner
Tante, die ihn fragt „Was guckst du
mich so an?", „Schau deine Füße
an. Sie gehen immer mit dir 'rum
- von selber." In dieser Assoziation
ist eine starke Erotik im Blick. Die
Tante hat eine erotische Ausstrah-
lung. Das kommt auch im Film zum
Ausdruck, bis hin zur Beklemmung
und Verklemmtheit, die Bergmann
versucht aufzulösen. Dieter Mammel ist in den 70er Jahren in der
süddeutschen Provinz aufgewachsen, als Moral die Familien noch
sehr stark bestimmte, auch die Art
miteinander umzugehen. Und deswegen musste er auch heimliche,
versteckte Blicke wagen.

Das Problem, diese Themen nicht
offen ansprechen zu können, hat
er ja dann wieder in seinen „family
works" verarbeitet. Die ganze Fami-
liengeschichte und seine Wahrnehmung, die er noch in Erinnerung,
für sich gespeichert hatte.

So eine Männerfreundschaft habe
ich noch nie erlebt. Es ist die Faszination, die von seinem Werk, seiner Persönlichkeit ausgeht. Und es
sind viele Dinge, in denen ich mich
auch selbst wiederfinde, in einigen
Eigenschaften und Haltungen.

Es ist die unbändige Lebensfreude,
die Dieter zum Ausdruck bringen
kann, und die hohe Sensibilität für
Menschen und deren Beziehungen.
Es ist aber auch seine Ernsthaftig-
keit, die ich an ihm schätze. Als ich
ihn das zweite Mal in Berlin mit meiner Frau besuchte, hat er uns durch
die Moma-Ausstellung geführt und
uns Maler, die ihm nahestehen, erklärt, wie Richter, Hopper oder
Goya. Zu Goya hat er eine ganz besondere Beziehung. Das Bild der
Frau in dem türkischen Bad „Hamam", das ich besitze, kann er nicht
ohne die intime Kenntnis von Goya
entwickelt haben; sie hat den Blick
nach innen. Er hat in seiner Kunst
Entwicklungen aufgenommen und

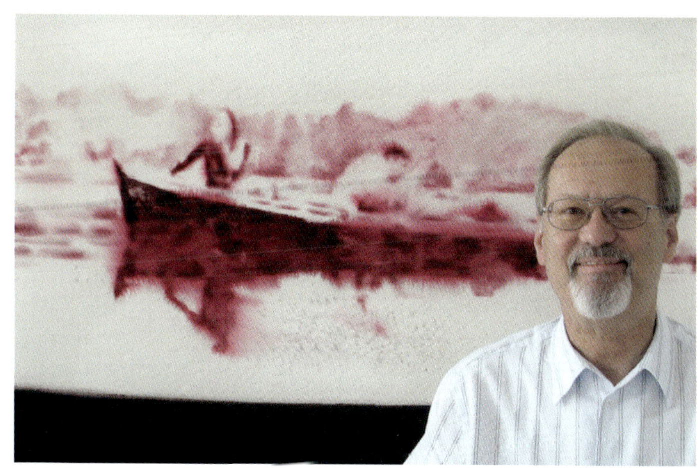

weitergeführt. Er ist eine Künstler-
persönlichkeit und hat mit Anfang
Vierzig den Zenit seines Schaffens
noch lange nicht erreicht. Da sind
noch große Entwicklungsmöglich-
keiten, die er sicherlich voll auslo-
ten wird, wobei er in seinem Drang
nach Freiheit vermutlich auch Risi-
ken in Kauf nimmt.

Die Bewegung ist bei ihm, dem Ci-
neasten, ein starkes Element. Es
ist auch die Bewegung der Farbe,
z. B. „Water love", ein Bild, das ich
selbst besitze und das mir jeden
Morgen beim Aufstehen begegnet
und mich so in Bewegung bringt.
„Die Schwestern", die in der Ein-
gangshalle hängen, sind zwei ältere
Frauen. Eine stützt die andere. Aber
es ist nicht das „Helfersyndrom",
sondern etwas, das Lebensfreude
ausstrahlt. Es kann auch einmal etwas sein, das mit Schrecken verbun-
den ist. Dann verarbeitet er seine
Stimmungen, Begegnungen und Er-
lebnisse in den Bildern. Was ihn
bewegt, das bringt er in Bewegung
und es macht die Bilder lebendig.

Die „Beine der Tante" passen hier
sehr gut hin. Ob das die Nachfolger

so auch sehen werden, ist wieder
etwas anderes. Auch „Die Schwestern" sind sehr gut platziert. Das
„Geheimnis" könnte man mir als
Abschiedsgeschenk machen. Das
hätte ich gerne zu Hause.

VITA | EXHIBITIONS

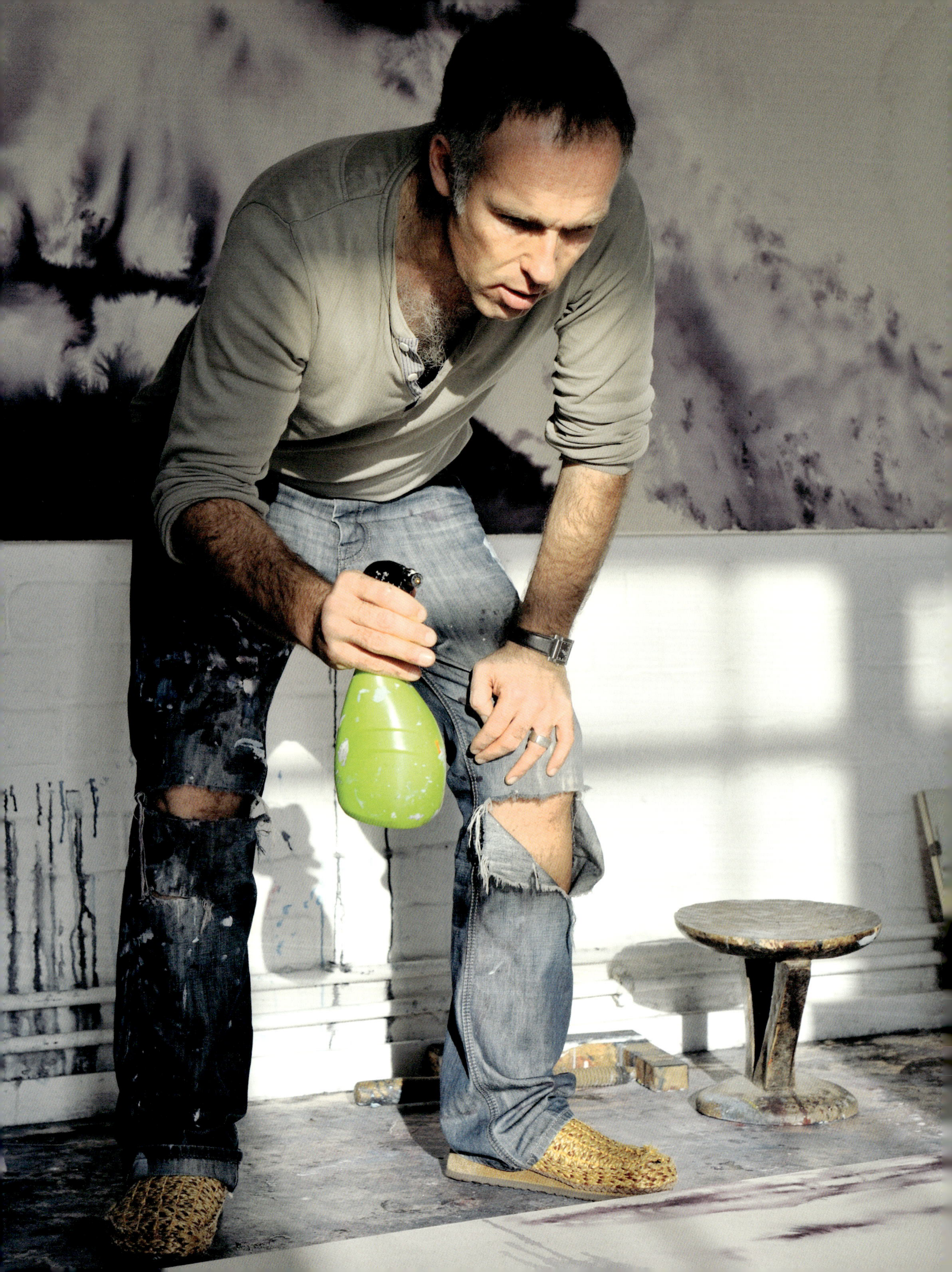

DIETER MAMMEL

Geboren 1965 in Reutlingen, studiert von 1986-91 Malerei an den Kunstakademien in Stuttgart und Berlin mit Abschluss als Meisterschüler. Das „Villa Serpentara-Stipendium" der Akademie der Künste, Berlin führt ihn 1991 und 1993 nach Italien. Von 1997 bis 2003 lehrt er Malerei und Kunstgeschichte an der Mediadesign Akademie, Berlin. Er erhält 1995 und 2000 das Atelierstipendium des Berliner Kultursenats, 1997 das Karl-Hofer Stipendium und seit 2007 ein Atelier der Stadt Frankfurt. Er lebt in Berlin und Frankfurt am Main.

Born 1965 in Reutlingen, Dieter Mammel studied painting from 1986-1991 at the art academies in Stuttgart and Berlin, graduating with honors. In 1991 and 1993 he worked in Italy after being awarded the "Villa Serpentara Stipendium" of the Berlin Art Academy. From 1993 to 2007 he taught painting and art history at the Media Design Academy in Berlin. He was awarded the Studio Fellowship of the Berlin Senate for Culture in 1995 and 2000, the Karl-Hofer Fellowship in 1997, and since 2007 has been a recipient of a Studio Fellowship from the City of Frankfurt. He lives in Berlin and Frankfurt am Main.

AUSSTELLUNGEN

EINZELAUSSTELLUNGEN | AUSWAHL
SOLO EXHIBITIONS | SELECTION

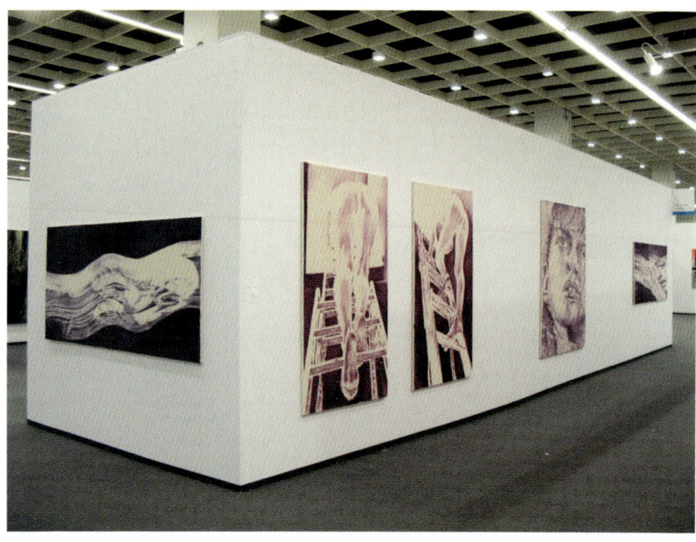

Erste Präsentation von "Blueberry Cycle" | **First presentation of "Blueberry Cycle"**
Art Cologne 2008, Galerie Hübner & Hübner, Frankfurt a. M.

1988	Galerie Michael Hasenclever, München
1989	Universitätsmuseum, Petersburg
	Galerie Tilly Haderek, Stuttgart
1992	Albrecht-Dürer-Gesellschaft, Nürnberg
	Villa Streccius, Städtische Galerie Landau
1993	Leopold Hoesch Museum, Düren
	Galerie Diferença, Lissabon
	Goethe Institut, Porto
1994	Galerie Tilly Haderek, Stuttgart
	Reuchlinhaus, Kunstverein Pforzheim
1996	Galleria Studio Ghiglione, Genua
	Galerie Maurits van de Laar, Den Haag
	Goethe Institut, Rotterdam
1997	Hans-Thoma-Gesellschaft, Kunstverein Reutlingen
	Galerie Johannes Zielke, Berlin
	Kunsthalle Göteborg
1998	Galerie Tilly Haderek, Stuttgart
	Kunstverein Friedrichshaven, Friedrichshaven
	Goethe Institut Krakau (mit Cornelia Schleime)
1999	Galerie Nils Schoenholtz, Hamburg
	Galerie 224, Laguna Beach, Los Angeles
	Monique Goldstrom Gallery, New York
2000	Galerie Maurits van de Laar, Den Haag
2001	Galerie Seitz & Partner, Berlin
	Christopher Cutts Gallery, Toronto
	Monique Goldstrom Gallery, New York
	Galleria ScalArte, Verona
2002	Galerie Maurits van de Laar, Den Haag
	Galerie Schloß Mochental, Ehingen
2003	Kunstmuseum Bonn
	Galerie Seitz & Partner, Berlin
	Stiftung St. Matthäus, Kulturforum Berlin
	Museum am Ostwall, Dortmund
2004	Galerie Hübner, Frankfurt a. M.
	Kunstmuseum Spendhaus, Reutlingen
2005	Christopher Cutts Gallery, Toronto
	Galerie Maurits van de Laar, Den Haag
	Pinakothek Athen
2006	Thanassis Frissiras Gallery, Athen
	Galerie Hübner, Frankfurt a. M.
	Galleri Franz Pedersen, Horsens (Dänemark)
2007	Goethe Institut, Rotterdam (mit Anne Wenzel)
	Galerie Seitz & Partner, Berlin
	CAM Gallery, Istanbul
	Melanee Cooper Gallery, Chicago
2009	Galerie Hübner, Frankfurt a. M.
	Galerie Prento und Wiesel, Wiesbaden
	Kunstverein Münsterland, Coesfeld
	KunstHaus Potsdam e.V., Potsdam

WERKE IN ÖFFENTLICHEN UND PRIVATEN SAMMLUNGEN | AUSWAHL
WORK IN PUBLIC AND PRIVAT COLLECTION | SELECTION

Kupferstichkabinett Berlin
Preussischer Kulturbesitz Berlin
Staatsgalerie Stuttgart
Kunstmuseum Bonn
Kunstmuseum Reutlingen
Stadtmuseum München
Kunstmuseum Göteborg
Frissiras Museum Athen
Sammlung Deutsche Bank, Frankfurt
Sammlung Nürnberger Hypothekenbank, Nürnberg
Sammlung Hessische Landesbank, Frankfurt
Artothek Berlin
Willy Brandt Haus, Berlin
IBM Sammlung Deutschland
Sammlung der Aktion Mensch, Zentrale Bonn
Joel Barrish Collection, New York
Niarchos Collection, Las Vegas
Sammlung Matthias von der Tann, London
Sammlung Heubeck, Köln
Sammlung Sander, Hannover
Sammlung SØR Rusche, Oelde
Sammlung Großmann, Bad Soden
Sammlung Dibelius, München
Sammlung Krauthammer, Zürich

BLUEBERRY CYCLE

ABBILDUNGSVERZEICHNIS | INDEX OF PLATES

Alle Bilder wurden mit Aquarell und Tusche auf ungrundierter Leinwand gemalt.
All the pictures were painted with watercolor and ink on unprimed canvas.

IMPRESSUM | IMPRINT

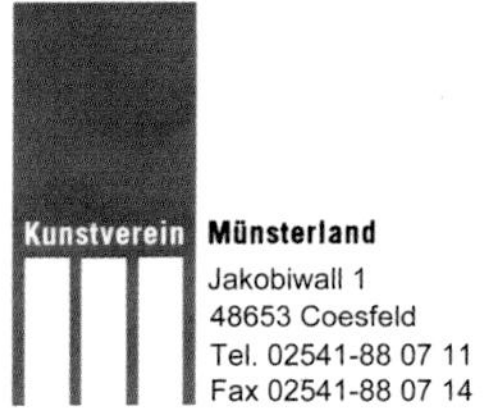

Kunstverein **Münsterland**
Jakobiwall 1
48653 Coesfeld
Tel. 02541-88 07 11
Fax 02541-88 07 14

Dieter Mammel | PRIVACY | THE BLUEBERRY CYCLE
Die Publikation erscheint anlässlich der Ausstellungen: | This book is published on the occasion of the exhibitions:

3. April – 6. Mai 2009 | Galerie Hübner & Hübner, Frankfurt a. Main | www.galerie-huebner.de
10. Mai – 21. Juni 2009 | Kunstverein Münsterland | www.kunstverein-muensterland.de
5. Juli – 16. August 2009 | KunstHaus Potsdam e. V. | www.kunsthaus-potsdam.de
15. April – 22. Mai 2010 | Thanassis Frissiras Gallery, Athen | www.thanassisfrissiras.com

Herausgeber | Editor	Jutta Meyer zu Riemsloh, Kunstverein Münsterland
Texte | **Texts** | Interviews	Jutta Meyer zu Riemsloh, Dieter Mammel
Fotografie | Photography	Dieter Mammel, Isabella Trimmel, Friederike Walter, André Guyot, Frank Walter
Übersetzung | Translation	Catherine Framm
Gestaltung | Design	Gundi Secker
Gesamtherstellung | **Printed and published by**	Kerber Verlag Bielefeld

Windelsbleicher Straße 166–170
D-33659 Bielefeld
Tel. +49 (0)521 95008-10
Fax +49 (0)521 95008-88
info@kerberverlag.com
www.kerberverlag.com

Kerber, US Distribution
D.A.P., Distributed Art Publishers, Inc.
155 Sixth Avenue 2nd Floor
New York, N. Y. 10013, USA
Tel. +1 212 627-1999
Fax +1 212 627-9498

Die Deutsche Nationalbibliothek verzeichnet diese Publikation in der Deutschen Nationalbibliografie;
detaillierte bibliografische Daten sind im Internet über http://dnb.ddb.de abrufbar.
The Deutsche Nationalbibliothek holds a record of this publication in the Deutsche Nationalbibliografie;
detailed bibliographical data can be found under: http://dnb.ddb.de.

© 2009 VG Bild-Kunst, Bonn,
für den Künstler und die Autoren
for the artist and the authors
Kunstverein Münsterland e. V.,
Dieter Mammel

© 2009 Kerber Verlag Bielefeld/Leipzig

ISBN 978-3-86678-217-4
Printed in Germany

Es ist eine *Collector's Edition* unter dem Titel BLUEBERRY EYE mit einem signierten Originalbild
im Format 32 x 23 cm erschienen. Diese limitierte Auflage von 6 Exemplaren und 6 Künstlerexemplaren
ist direkt beim Kerber Verlag unter der ISBN 978-3-86678-268-6 zu einem Preis von 900,00 Euro erhältlich.
In addition an artist's *Collector's Edition* titled BLUEBERRY EYE including an original Blueberry painting,
size 32 x 23 cm, has been published. The edition limited to 6 copies and 6 artist proofs is available at the
publishing house Kerber Verlag at the price of 900.00 Euro under ISBN 978-3-86678-268-6.

www.kerber-collectors-edition.com

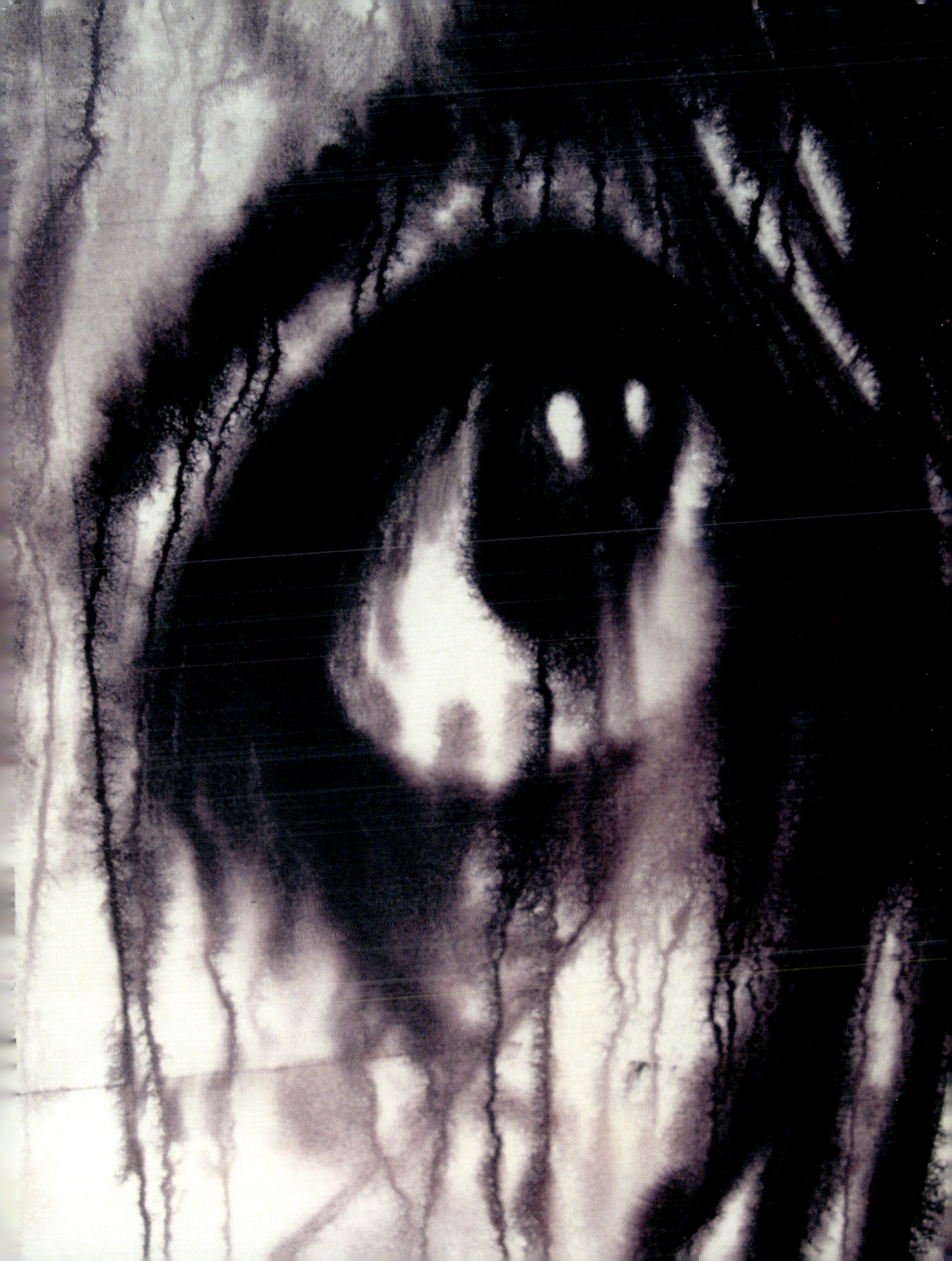

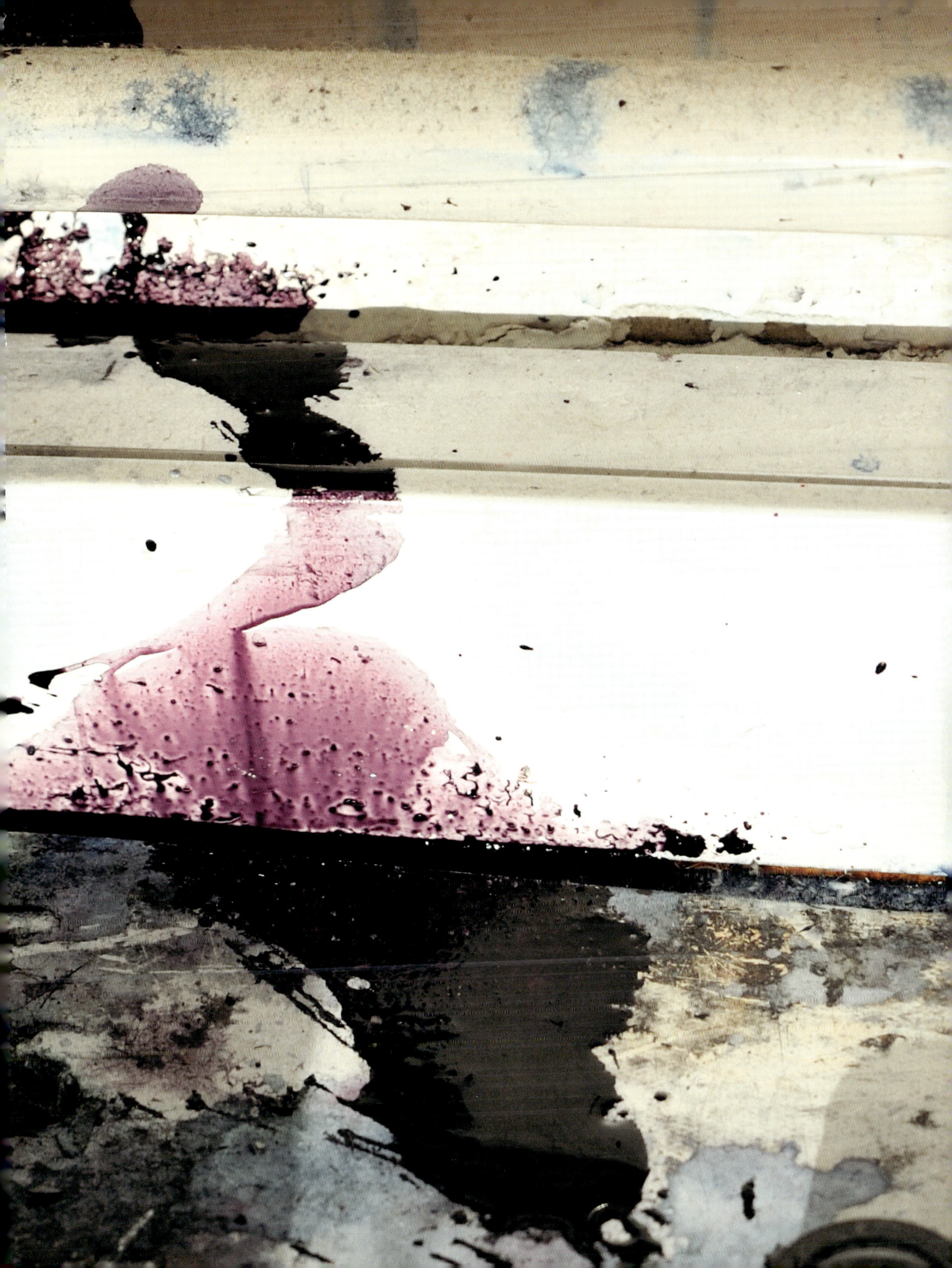